KETOGENE ERNÄHRUNG

Ketogene Ernährung Für Einsteiger Inklusive Low Carb Rezepte

(Die Schnellstart Anleitung Für Einsteiger Und Gesund Abnehmen)

Gary D. Ponce

Published by Knowledge Icon

© **Gary D. Ponce**

All Rights Reserved

Ketogene Ernährung: Ketogene Ernährung Für Einsteiger Inklusive Low Carb Rezepte (Die Schnellstart Anleitung Für Einsteiger Und Gesund Abnehmen)

ISBN 978-1-990084-91-1

All rights reserved. No part of this guide may be reproduced in any form without permission in writing from the publisher except in the case of brief quotations embodied in critical articles or reviews.

Legal & Disclaimer

The information contained in this book is not designed to replace or take the place of any form of medicine or professional medical advice. The information in this book has been provided for educational and entertainment purposes only.

The information contained in this book has been compiled from sources deemed reliable, and it is accurate to the best of the Author's knowledge; however, the Author cannot guarantee its accuracy and validity and cannot be held liable for any errors or omissions. Changes are periodically made to this book. You must consult your doctor or get professional medical advice before using any of the suggested remedies, techniques, or information in this book.

Upon using the information contained in this book, you agree to hold harmless the Author from and against any damages, costs, and expenses, including any legal fees potentially resulting from the application of any of the information provided by this guide. This disclaimer applies to any damages or injury caused by the use and application, whether directly or indirectly, of any advice or information presented, whether for breach of contract, tort, negligence, personal injury, criminal intent, or under any other cause of action.

You agree to accept all risks of using the information presented inside this book. You need to consult a professional medical practitioner in order to ensure you are both able and healthy enough to participate in this program.

Table of Contents

Welche Lebensmittel sind verboten?.. 1
Wie viel Protein ist erlaubt?... 3
Ist ketogene Ernährung dauerhaft gesund? 5
Fleisch 8
Avocado 13
Peri-Peri Geflügelsalat 15
Pilz im Speckmantel...16
Mittwoch – Mittagessen...17
Avocado-Ziegenkäse-Salat 19
Körnersalat mit Gemüse und Linsen 21
Gebackener Kürbis und Rindfleisch Lasagne 23
Blumenkohlgratin...25
Keto Cäsarsalat..27
Thunfisch gefüllte Tomaten 29
Samstag – Frühstück..30
Gemüselasagne mit Rinderhack...31
Selleriecremesuppe mit Austernpilzen...33
Zucchini Humus 34
Schnelle griechischer Nudelsalat..35
Dressing 35
Montag – Abendessen...37
Blaubeer-Eiscreme 39
Mandel-Kokos-Aufstrich 41
Einsamer Stern Keto Kuchen 42
Ramen-Nudeln und Rindfleisch..45

Anweisungen 45

Freitag – Frühstück 47

Pizza Cracker Snack mit Guacamole (optional) 48

Rotkohlgemüse mit Nüssen und Créme Fraîche 50

Rezepte für Mittagessen 51

Penne mit gebratenem Gemüse 51

Zubereitung: 51

Buttermilchwaffeln mit Dinkel 53

Mandel Schoko Aufstrich 54

8-Wolkenbrot mit Toppings deiner Wahl 55

Frühstückskuchen 57

Ketogene Hähnchenbrust (gefüllt und überbacken) 58

Sonntag – Mittagessen 60

Hühnchen mit Zucchini-Spaghetti 61

Kräuterquark 63

Grill Hähnchenspieße 64

Lebkuchen-Haferflocken 66

Vorbereitungen 66

Artischocken mit Oliven-Kräuter-Dip 68

Frühstücks Porridge 70

2-Cesar Salat mit Sardellenfilets 72

Pilz-Omelett 74

Ketogene Tomatensuppe 76

Eierpfannkuchen mit Schinken und Ei (2 Portionen) 78

Hähnchen mit Cashewkruste 80

Huhn Rochambeau 82

Vorbereitung 82

Leipziger Allerlei mit Spargel und Zuckerschoten 83

Grüne Shakshuka 84

10-Blumenkohl-Püree 87

Keto Oopsies 89

Zutaten für zwei Personen 90

Kaffee mit Schlagsahne (1 Portion) 92

Gebackene Chicken Noodle Casserole 93

Anleitung: 93

Lachs mit Ofengemüse und Feta 95

Hack Lauch Suppe 97

4-Hähnchen Chili Con Carne in Taco's 99

Zucchini-Brot 101

Keto Haselnussaufstrich (6 Portionen) 103

Ketogene Rührei 104

Thunfisch-Salat 105

Backofenhähnchen 107

2-Kühl und Fresh 109

Protein-Salat 111

Ziegenkäsesalat mit Balsamico-Butter (2 Portionen) 112

Genial Butter Burger 114

Rührei mit Lachs 116

Wurstsalat 117

Fisch Auflauf (4 Portionen) 119

Leckerer Salat mit Avocado und Thunfisch 121

All-mexikanische Pizza auf Käse-Kruste 123

Hühnerschenkel 125

Radieschen – Käse – Quark 128

Mandelbrei	129
Avocado Makrelen Salat	130
Shake mit Chia	131
Geröstete Möhrensuppe	132
Keto Hot-Dogs (4 Portionen)	134
Rührei	136
Klassischer Speck und Eier	137
Rührei italienischer Art (Vegetarisch)	139
Exotische Hähnchenspieße	140
Huhn und Brokkoli Auflauf	142
Instant Pot Barbacoa Rindfleisch	144
Ente im Speckmantel auf Gemüsebett	146

Welche Lebensmittel sind verboten?

Im Grunde gibt es bei der ketogenen Ernährung keine direkten Verbote bestimmter Lebensmittel. Aus der strikten Reduzierung der Kohlenhydrate ergibt sich allerdings, dass manche Lebensmittel einfach nicht mehr oder nur in sehr geringen Mengen in das Ernährungskonzept integrierbar sind. Obwohl wir bereits erläutert haben, dass Gemüse einen wichtigen Bestandteil der ketogenen Ernährung darstellt, gibt es einige Sorten, auf die Sie lieber weitgehend verzichten sollten. Dazu gehören Zuckermais, Kichererbsen, Kidneybohnen und Erbsen, weil diese Gemüsesorten einen relativ hohen Anteil an Kohlenhydraten enthalten.

Aufgrund des hohen Kohlenhydratanteils sind auch alle Getreidearten und die daraus entstehenden Produkte wie Nudeln, Haferflocken, Brot und Brötchen oder Pizza denkbar ungeeignet. Als Beilagen zum Fleisch sollten Sie lieber die im vorherigen Kapitel empfohlenen Gemüsesorten wählen.

Natürlich muss in der ketogenen Ernährung auf Zucker vollkommen verzichtet werden, soweit dies möglich ist. Zucker, Säfte und Schorlen, Limonaden und andere zuckerhaltige Getränke sowie Süßigkeiten sind daher absolut Tabu. Sie würden dem Körper die Möglichkeit bieten, seine Energie aus dem aufgenommenen Zucker zu gewinnen und dadurch die Ketose unterbrechen beziehungsweise gar nicht erst entstehen lassen.

Wie viel Protein ist erlaubt?

Vor allem für sportliche Menschen ist die Frage interessant, wie viel Protein in der ketogenen Ernährung erlaubt ist. Dabei ist festzuhalten, dass es sich nicht um eine Ernährung mit verstärktem Proteingehalt handelt, wie es zum Beispiel bei der Low Carb High Protein – Ernährung der Fall ist.

Proteine werden im Rahmen des Stoffwechsels in Aminosäuren aufgespalten, die dann zum Beispiel zum Aufbau der Muskulatur verwendet werden. Deswegen ist die Aufnahmen von vielen Proteinen, zum Beispiel in Form von speziellen Shakes für Leistungssportler wichtig. Doch wenn zu viele Aminosäuren im Körper enthalten sind und nicht mehr verbraucht werden können, werden sie ebenfalls als Energie genutzt und dazu in Glukose umgewandelt – also in Zucker. Und eben diesen sollen Sie ja bei der ketogenen Ernährung vermeiden. Das Vorhandensein von Zucker im Blut führt zu einem erhöhten Blutzuckerspiegel und damit verbunden zu einem höheren Insulinspiegel. Eine zu hohe Aufnahme von Protein verhindert also den Zustand der Ketose.

Etwa 15-20% der ketogenen Ernährung dürfen aus Proteinen bestehen. Wer sportliche sehr viel leistet und dementsprechend das Protein besser verwerten kann, kann natürlich einen höheren Anteil aufnehmen. Gleichzeitig ist es aber auch wichtig, nicht zu wenig Protein zu sich zu nehmen. Etwa 0,8 Gramm Protein pro Kilogramm Körpergewicht pro Tag sollten in den Speiseplan eingebaut werden.

Ist ketogene Ernährung dauerhaft gesund?

Sie wissen mittlerweile, dass die ketogene Ernährung grundsätzlich für jeden gesunden Menschen geeignet ist. Außerdem haben Sie wahrscheinlich schon für sich festgestellt, ob eine extrem kohlenhydratarme Ernährung für Sie infrage kommt – oder nicht. Die nächste Frage, die viele Interessierte sich stellen, ist die nach der Anwendungsdauer. Handelt es sich bei der ketogenen Ernährung um eine Ernährungsumstellung, die ähnlich einer Diät funktioniert und nach einer gewissen Zeit beendet ist? Oder muss man ketogen leben, wenn man einmal damit begonnen hat?

Nachdem sich zunächst einige Wissenschaftler darüber gestritten hatten, ob die ketogene Ernährung aufgrund der säurehaltigen Nebenprodukte beim Fett- und Eiweißabbau auf Dauer schädlich sei, sprechen mittlerweile einige Punkte dafür, dass eine dauerhafte ketogene Ernährung kein Problem darstellt. Trotzdem sollte man in diesem Fall ausreichend Gemüse zu sich nehmen, um die Säurebildung auszugleichen und den Körper ausreichend zu versorgen. Auch ein häufig vermuteter negativer Effekt auf den Cholesterinspiegel können nicht festgestellt werden. Im Gegenteil wird das schlechte LDL- Cholesterin in der ketogenen

Ernährung sogar weniger und das gute HDL-Cholesterin gesteigert produziert.

Natürlich bietet die Ketose jede Menge Vorteile, die man gern für immer aufrechterhalten möchte, wenn man den Stoffwechselzustand einmal erreicht und seine positiven Effekte auf den Körper kennengelernt hat. Doch trotzdem sollte man die ketogene Ernährung nicht für immer anwenden beziehungsweise nicht mit der Erwartungshaltung an die Sache rangehen, dies zu tun.

Das hat mehrere biochemische Gründe:

- Durch die ketogene Ernährung wird dem Körper ein Zustand des Fastens vorgegaukelt, in dessen Folge er in die Ketose verfällt. Zwar entstehen auch beim Fasten einige positive Effekte auf den Körper und die Gesundheit, doch auch das sollte man nicht für immer durchziehen.
- Der Körper verlernt, wie man Kohlenhydrate verwertet. Wenn er eine sehr lange Zeit keine Kohlenhydrate verwerten musste, weiß er irgendwann auch nicht mehr, wie das geht. Alles, was zum Abbau notwendig wäre, wie Transporter, Proteine, Enzyme oder Hormone wird abgebaut oder nicht mehr gebildet. Deswegen macht es Sinn, regelmäßige Pausen einzulegen und normal Kohlenhydrate aufzunehmen und so den Körper quasi zu erinnern, wie er diese umzusetzen hat. Gleiches gilt für Diabetiker, wie wir es bereits im

Abschnitt zur ketogenen Ernährung bei Diabetes beschrieben haben.

- Durch die Ketose kommt es im Körper zu hormonellen Veränderungen, weil sich der Stoffwechsel anpasst. Die Stoffwechselhormone fT3, Leptin, Östrogen und hCG sinken. Bei Männern kann es bei starkem Fettkonsum zu einem kurzfristigen Anstieg des Testosteronspiegels kommen.
- Schleimhäute, die an vielen Stellen des Körpers Gelenke oder Knochen schützen oder im Darm als Abgrenzung dienen, bestehen aus Zuckerproteinen. Für ihre Bildung ist daher die Aufnahme von Kohlenhydraten zumindest ab und zu unbedingt notwendig.
- Die Bauspeicheldrüse ist für die Produktion von Stoffwechsel-aktiven Hormonen wie Insulin verantwortlich und trägt somit zur Regulierung des Stoffwechsels maßgeblich bei. Wie sich eine Ernährung fast ohne Kohlenhydrate auf die Funktion der Bauchspeicheldrüse auswirkt, ist zwar nicht bekannt, doch man kann davon ausgehen, dass die Auswirkungen zumindest bei dauerhafter ketogener Ernährung spürbar sind.

Statt der dauerhaften Anwendung von ketogener Ernährung für immer ist aus den genannten Gründen eher die sogenannte intermittierende ketogene Ernährung zu empfehlen. Diese wechselt sich in Phasen von 6-8 Wochen mit einer normalen, gesunden

Ernährung ab. In dieser Zeit kann der Körper die notwendige Energie wieder aus Kohlenhydraten schöpfen und sich regenerieren, um dann erneut in die Ketose versetzt zu werden.

Fleisch

Natürlich sollten Sie es mit Fleisch nicht übertreiben, jedoch ist es nicht ungesund, wenn es bewusst gewählt und in Maßen zugeführt wird.

Fleisch liefert, wie wir alle wissen, eine gute Portion Eiweiß. Daneben bringt es aber auch noch Eisen, Zink, Selen und Vitamine (vor allem Gruppe B, für Blutbildung und gegen freie Radikale, sowie Regulation von Stoffwechselvorgängen).

Auch wenn rotes Fleisch, also alles außer Geflügel, oft als ungesund bezeichnet wird und die WHO (Weltgesundheitsorganisation) es auf ihrer Gefahren – Liste stehen hat, muss man an dieser Stelle sagen, dass es eine deutlich höhere Nährstoffdichte aufweist, als weißes Fleisch von Huhn, Pute und Co.. Allerdings stimmt es, dass gewisse Studien auf eine krebsfördernde Wirkung von übermäßigem Konsum roten Fleisches hinweisen. Deshalb lässt sich raten, dass Sie mit rotem Fleisch einfach noch sparsamer umgehen sollten, als mit weißem. Komplett verbieten müssen und sollten Sie es sich jedoch nicht, wenn Sie es gerne essen.

Im Detail können Sie folgende Fleischsorten und aus ihnen hergestellte Wurst sowie Produkte (am besten vom Metzger und auf jeden Fall ohne Zuckerzusatz) genießen:

- Ente
- Pute
- Huhn
- Schwein
- Lamm
- Rind
- Ziege
- Wild

Fisch und Meeresfrüchte

Es gibt viele unterschiedliche Fisch – und Meeresfrüchte – Sorten, die oft auch sehr verschieden schmecken. Alle haben aber mehr oder weniger gemeinsam, dass sie wichtige Nährstoffe enthalten. Die da wären Eiweiß, gesunde Fettsäuren (wichtig für Herz, Gehirn und Immunsystem), Vitamine und Mineralstoffe. Besonders Fischarten aus Süßgewässern liefern zudem viel Jod (wichtig für Hormonbildung, vor allem in der Schilddrüse) und speziell Vitamin D (wichtig für Regulierungsvorgänge in den Körperzellen).

Im Detail können Sie folgende Fischsorten genießen:

- Lachs
- Sardellen
- Scampi
- Sardinen
- Thunfisch
- Schellfisch
- Dorade
- Hecht
- Calamaris
- Makrele
- Forelle
- Muscheln
- allgemein Meeresfrüchte
- Gelbschwanz

Gemüse und einige Hülsenfrüchte (bis auf Wurzelgemüse)

Beim Gemüse unterscheiden wir grob zwischen Frucht – und Blattgemüse. Wurzelgemüse sowie die meisten Hülsenfrüchte fallen hier weg, da sie relativ viele Kohlenhydrate enthalten.

Zum Fruchtgemüse zählen: Avocado, Aubergine, Paprika, Gurke, Kürbis (+ Unterart Zucchini) und

Tomaten.

Als Blattgemüse werden bezeichnet: Alle Kohlsorten, Blattsalate (darunter Spinat), Wildkräuter, Lauchgemüse und Stängelgemüse wie z.B. Rhabarber.

Als sogenanntes Sprossengemüse gesellen sich auch alle Zwiebelarten sowie Knoblauch, in Maßen, dazu.

Im Allgemeinen ist das hier aufgeführte Gemüse kalorienarm, gesund, enthält viele Ballaststoffe und regt somit die Verdauung an. Beinhaltet zudem sekundäre Pflanzenstoffe, welche eine wichtige Schutzfunktion für den Körper haben. Ein hoher Anteil an Mineralien, Vitaminen und Spurenelementen komplettieren das Ganze. Kurz gesagt, Sie machen mit dem Verzehr dieser Sorten nichts falsch. Im Gegenteil.

Im Detail können Sie folgende Gemüsesorten genießen:

- grüne Bohnen
- grünes Blattgemüse
- Blattsalat
- Grünkohl
- Weißkohl
- Brokkoli
- Rosenkohl
- Kohlrabi

- Radieschen
- Rettich
- Sellerie
- Pilze
- Paprika
- Gurke
- Zucchini
- Kürbis
- Aubergine
- Tomate
- Zwiebel
- Knoblauch
- Artischocke
- Spargel
- Rhabarber
- Avocado
- Sojasprossen
- Bambussprossen
- Mungobohnensprossen
- Alfalfa
- einige Nusssorten
- einige Samenarten

Avocado

Zwar gehört sie in die bereits erwähnte Kategorie der Fruchtgemüse – Sorten, jedoch ist die Avocado es durchaus Wert, gesondert thematisiert zu werden.

Für die ketogene Ernährung ist sie aufgrund ihres hohen Gehalts an gesunden Fetten perfekt geeignet. Doch natürlich sind die Fette nicht alles. Auch viele Vitamine sowie Antioxidantien (welche gegen die freien Radikalen im Körper „ankämpfen") liefert sie unserem Körper. Darüber hinaus enthält sie eine Menge Kalzium.

Nüsse und Samen

Ja, auch Nüsse wurden schon erwähnt und gehören zu den Hülsenfrüchten, jedoch möchte ich auch sie noch einmal näher thematisieren. Bei einer ketogenen Ernährung sind zwar nicht alle Nusssorten erlaubt, jedoch einige. Die unten aufgezählten bieten Ihnen einfach sowie mehrfach ungesättigte Fettsäuren, Mineralstoffe, Vitamine (vor allen B und E), Kalium, Magnesium, Phosphor und Natrium (bindet Wasser und sein Gleichgewicht ist wichtig für die Übertragung von Nervenreizen).

Samen sind reich an gesunden Fettsäuren und liefern sowohl Mineralstoffe, als auch Vitamine (vor allem B, und E) und Spurenelemente. **Vitamin E ist wichtig für die Bekämpfung der freien Radikalen.**

Im Detail können Sie folgende Nuss – und Samensorten genießen:

- Mandeln
- Paranüsse
- Macadamia - Nüsse
- Pecannüsse
- Haselnüsse
- Pinienkerne
- Walnüsse
- Chiasamen
- Sesam
- Leinsamen
- Sonnenblumenkerne
- Kürbiskerne

Peri-Peri Geflügelsalat

Zutaten:

2 Tassen Baby-Spinat
½ Portion ein Stück Hähnchenbrust
eine kleine große Avocado ½
Ein Stück Speck (Wählen Sie die niedrige Natrium-Variante)
1 Esslöffel Peri-Peri-Sauce

Anfahrt:

(1) in einer Pfanne Kochen Sie den Speck bis es knusprig wird.
2. Schneiden Sie Hühnerbrust, gleichmäßige Scheiben und Kochen Sie es in das Speckfett für ca. 4-6 Minuten, oder bis das Huhn gar ist.
3. in der Zwischenzeit Avocado, gleichmäßige Scheiben schneiden und den Speck bröckeln.
4. Ordnen Sie den Salat indem man den Spinat in eine große Schüssel. Top mit Hühnchen, Avocado und Peri-Peri Sauce.
5. mit zerkleinerten Speck obenauf streuen. Servieren und genießen!

Pilz im Speckmantel

Zutaten

8 große Champignons

8 Würfel Schafskäse

8 Scheiben dünner Speck

1 Zwiebel, gewürfelt

Salz, Pfeffer

Die Zwiebel in feine Würfel schneiden. Die Stiele der Pilze entfernen und danach unter klaren Wasser waschen.

Den Schafskäse und die kleingehackten Zwiebeln zusammen mit etwas Salz und Pfeffer in einer Schüssel mit einer Gabel zu einer Masse kneten.

Die Masse in die Pilze füllen und danach die Pilze mit S umhüllen. Auf den Grill legen und anschließend genießen.

Mittwoch – Mittagessen

Zutaten für Keto No-Nudel Hühnersuppe

15 g Butter

¼ Stangensellerie

20 g geschnittene Pilze

¼ gehackte Knoblauchzehe

¼ EL getrocknete gehackte Zwiebel

¼ TL getrocknete Petersilie

Prise Salz

5 ml gemahlener schwarzer Pfeffer

225 ml Hühnerbrühe

1 / 8 mittelgroße Karotte

1 / 5 geschreddert Brathähnchen

60 ml Grünkohl in Streifen geschnitten

Zubereitung

1. Die Butter in einem großen Topf zum Schmelzen bringen.
2. Die Selleriestiele und Pilze in kleinere Stücke schneiden.
3. Trockene Zwiebel, Sellerie, Champignons und Knoblauch in den Topf geben und drei bis vier Minuten kochen lassen.

4. Fügen Sie Brühe, Karotte, Petersilie, Salz und Pfeffer hinzu. , Köcheln bis das Gemüse weich ist.
5. Fügen Sie gekochtes Huhn und Kohl hinzu. Für weitere 8 bis 12 Minuten köcheln lassen, bis die Kohlnudeln zart sind.

Übersicht pro Portion
- Netto-Kohlenhydrate: 3% (4 g)
- Faser: 1 g
- Fett: 71% (40 g)
- Protein: 26% (33 g)
- kcal: 509

Avocado-Ziegenkäse-Salat

Zubereitungszeit: 25 Minuten

3 Portionen

Zutaten:

200g Ziegenkäse

300g Salat (Eisberg- oder Feldsalat)

2 mittelgroße Avocados

150g Rispen- oder Cherrytomaten

3 El Balsamicoessig (nicht der dickflüssige, da zu viele Kohlenhydrate)

50ml Olivenöl

50ml Grapefruitsaft (alternativ Orangensaft mit ein wenig Limettensaft mixen)

Salz und Pfeffer

Optional: zuckerfreier Ahornsirup, z.B. von Walden Farms

Vorbereitung:

Backofen auf 200 Grad vorheizen

Zubereitung:

1. Ziegenkäse in Scheiben schneiden und in ein hitzebeständiges Gefäß legen
2. Tomaten halbieren und zu dem Käse in die Form legen. Grapefruitsaft etwas pfeffern, optional den zuckerfreien Ahornsirup hinzugeben und auf dem Käse und den Tomaten verteilen.
3. Alles 7 Minuten in den Ofen stellen bis der Ziegenkäse leicht geschmolzen ist.
4. Salat waschen, trocknen und nach Vorliebe zerkleinern. Anschließend in eine große Salatschüssel geben. Avocados schälen, halbieren, Kern entfernen und in Scheiben schneiden.
5. Sobald der Ziegenkäse fertig ist, alles anrichten und mit Balsamicoessig und Olivenöl anrichten. Leicht salzen.

Nährwertangaben pro Portion:
589 kcal/13g Kohlenhydrate/51g Fett/16g Protein

Körnersalat mit Gemüse und Linsen

Zutaten für 4 Portionen:

- 100 g Weizenkörner
- 500 ml Gemüsebrühe
- 100 g rote Linsen
- 250 g Staudensellerie
- ½ Bund Frühlingszwiebeln
- 1 EL Öl
- 4 EL Kräuteressig
- Salz
- Pfeffer
- Zucker
- 5 EL Sojaöl
- Salatblätter zum Anrichten

Zubereitung:

1. Weizenkörner über Nacht in kaltem Wasser einweichen, am nächsten Tag abgießen und in der kochenden Gemüsebrühe etwa 30 Minuten garen.
2. Die roten Linsen in ein Sieb geben, abspülen und nach 18 Minuten zu den Körnern geben.
3. Den Staudensellerie und die Frühlingszwiebeln waschen, trocknen, putzen und fein würfeln.
4. Beides in heißem Öl andünsten.

5. Mit dem Kräuteressig ablöschen und mit Salz, Pfeffer und etwas Zucker würzen.
6. Das Sojaöl unterrühren und alles mit den abgekühlten Weizenkörnern und Linsen mischen.
7. 30 Minuten ziehen lassen, dann auf Salatblättern anrichten und servieren.

Gebackener Kürbis und Rindfleisch Lasagne

Du willst Essen für die Seele ohne Schuldgefühle? Dann ist dieser Teller mit heiß gebackenem und mildschmeckendem Kürbis und Rindfleisch genau das richtige, um gesund und fröhlich zu essen.

Vorbereitungszeit: 10 Minuten

Kochzeit: 80 Minuten

Portionen: 12

Zutaten:

- 2 große Spaghettikürbis, gekocht
- 30 Scheiben Mozzarella Käse
- 1360 g Rindfleisch, gemahlen
- 1180 ml Marinarasauce
- 900 g Ricottakäse, Vollmilch

Zubereitungsmethode:

1) Erhitze zuerst den Ofen auf 190 Grad Celsius.
2) Teile danach vorsichtig den Kürbis in zwei Teile.
3) Platziere den Kürbis danach mit der Oberseite nach unten in eine große Glasschalle und fülle diese mit Wasser bis die Portion bedeckt ist.
4) Backe diese nun im Ofen für 40 bis 45 Minuten oder bis das Innere einfach mit einer Gabel herausgenommen werden kann.
5) Erhitze in der Zwischenzeit eine Pfanne mit etwas Öl bei mittlerer Hitze.

6) Füge danach das Rindfleisch hinzu und koche es, bis es eine braune Farbe erhält.

7) Rühre danach die Marinarasauce unter und kombiniere diese gut miteinander für ungefähr 3 bis 5 Minuten. Nimm es danach von der Hitze herunter und stelle es beiseite.

8) An diese Punkt kratze die Innenseite des Kürbisses heraus und nimm die Spaghetti für dieses Rezept.

9) Füge den Kürbis als Nächstes auf die Fläche der eingefetteten großen Pfanne.

10) Belege diese mit der Fleischsauce, und danach mit den beiden Sorten Käse, zuerst den Mozzarella Käse und dann den Ricottakäse.

11) Setze diesen Prozess fort, bis all Zutaten verwendet wurden.

12) Backe dies nun im Ofen für ungefähr 30 bis 35 Minuten oder bis es eine gelbgoldene Farbe erhalten hat und der flüssige Käse anfängt zu blubbern. Lass es für einige Minuten abkühlen und serviere es dann.

Tipp: Die Spaghetti sind ordentlich gekocht, wenn du das Innere schnell durchbrechen kannst.

Nährwertangaben:
- Kalorien – 711 kcal
- Fett – 59g
- Kohlenhydrate – 15g
- Eiweiß – 43g
- Ballaststoffe – 2g

Blumenkohlgratin

Kohlenhydrate: nur 5g pro Portion

Zubereitungszeit: 30 min

Zutaten für 4 Portionen

Zutaten

- 1 vorgekochter bißfester Blumenkohl
- 350 g Gehacktes
- 2 EL Öl
- 1 Zwiebel
- Lauch
- 3 EL Tomatenmark
- 200g Käse
- Salz & Pfeffer

Zubereitung

12. Backofen vorheizen: 200°C
13. Das Hackfleisch in heißem Öl für ca. 4 Minuten anbraten.

14. Die Zwiebel in Würfel schneiden & den Lauch in Ringe. Geben Sie diese in die Hackfleischmasse.
15. Mit den Gewürzen, Kräutern und dem Tomatenmark abschmecken.
16. Nun die Hackmasse mit Brühe ablöschen, aufkochen lassen und dann in eine Auflaufform geben. Legen Sie darauf die Blumenkohlröschen.
17. Den in Streifen geschnittene Käse darauf verteilen.
18. Das ganze im vorgeheizten Backofen bei etwa 200 °C für 8 Minuten überbacken.

Keto Cäsarsalat

Zutaten:

- 3 Esslöffel Hühnerbrühe

- 1 Esslöffel Olivenöl Extra Virgin

- 1 Teelöffel Apfelessig

- 1 Esslöffel Petersilie (gehackt)

- 1 Teelöffel Sardellenpaste

- 1 Esslöffel Mayonnaise

- 1 Teelöffel Dijon Senf

- 1 Tasse Vollkornbrot-Croutons

- 8 kleine Tassen Romansalatblätter

- 2 Esslöffel geriebenen Parmesankäse

Zubereitung:
- Heize den Ofen auf 175°C vor.

- Gebe die Vollkornbrot-Croutons in eine kleine Backform und backe sie für 10 Minuten.

- Füge alle Zutaten in eine mittelgroße Schüssel aber stelle die Croutons, den Romansalat und den Parmesankäse bei Seite.

- Gebe die restlichen Zutaten in eine Schüssel und übergieße sie mit dem Dressing.

- Füge den Parmesankäse oben drauf und serviere.

Thunfisch gefüllte Tomaten

Zutaten:

1 (6 Unzen) Flocken Thunfisch Filet
1 große Tomate
4 Teelöffel Joghurt
½ TL Dijon-Senf
1 Esslöffel gehackte Sellerie
¼ Teelöffel Salz

Anfahrt:

1. halbieren Sie die Tomaten. Aushöhlen Sie Fruchtfleisch und Kerne wobei ½ Zoll aus der Schale. Abtropfen lassen Sie, mit Papiertüchern.
2. in einer Schüssel, kombinieren die Flocken Thunfisch, griechischer Joghurt, Dijon-Senf, Sellerie und Salz. Die Tomate-Schalen mit der Mischung füllen und auf ein Backblech legen. Grillen Sie 3 bis 4 Zoll von der Hitze für ca. 4-5 Minuten.

Samstag – Frühstück

Zutaten für Keto überbackenes Speck Omelett
2 Eier
75 g Speck in Würfel geschnitten
40 g Butter
30 g frischer Spinat
½ EL fein gehackter frischer Schnittlauch (optional)
Prise Salz und Pfeffer
Zubereitung

1. Den Ofen auf 200 ° C vorheizen. Eine kleine Auflaufform mit Butter einfetten.
2. Mit der restlichen Butter Speck und Spinat anbraten. Das Fett aufbewahren
3. Die Eier schaumig schlagen. Spinat und Speck einrühren, einschließlich das Fett vom Anbraten dazu geben.
4. Fügen Sie etwas gehackten Schnittlauch hinzu. Mit Salz und Pfeffer abschmecken.
5. Die Eimischung in die Backform geben und für 20 Minuten backen lassen oder bis sie goldbraun ist.
6. Einige Minuten abkühlen lassen und servieren.

Übersicht pro Portion

Netto Kohlenhydrate: 1% (2 g)

Faser: 1 g

Fett: 87% (72 g)

Protein: 12% (21 g)

kcal: 737

Gemüselasagne mit Rinderhack

Zubereitungszeit: 45 Minuten

4 Portionen

Zutaten:

300 g Rinderhack

100 g geriebener Mozzarella

100 g geriebener Gouda

100 g Kirschtomaten

1 mittelgroße Auberginen

1 mittelgroße Zucchini

1 weiße Zwiebel

1 Knoblauchzehe

1 Packung passierte Tomaten

3 EL Olivenöl

Salz, Pfeffer und Oregano

Vorbereitung:

Backofen auf 180 Grad vorheizen

Zubereitung:

1. Das Gemüse gründlich waschen und in Scheiben schneiden. Die Zwiebel in kleine Würfel schneiden. Den Knoblauch ebenfalls zerkleinern.
2. Die Zwiebelwürfel mit Olivenöl (1 EL) in einer Pfanne anschwitzen und anschließend das Hackfleisch hinzugeben. Kurz anbraten und die passierten Tomaten hinzufügen. Mit Knoblauch, Oregano, Salz und Pfeffer würzen. Kurz köcheln lassen und danach aus der Pfanne nehmen.
3. Nun die Gemüsescheiben (Aubergine, Zucchini und Tomaten) ebenfalls ganz kurz anbraten (1EL Öl).
4. Eine Auflaufform einfetten (1 EL Öl), mit Zucchinischeiben auslegen und jeweils abwechselnd mit Gemüse und der Fleisch-Tomatensauce aufschichten. Die Oberfläche sollte mit einer Lage Fleisch-Tomaten-Mischung enden, sodass es mit dem Käse bedeckt werden kann.
5. Die Auflaufform nun in den Ofen geben und ca. 25 Minuten garen lassen (bis der Käse goldbraun ist).

Nährwertangaben pro Portion:
495kcal/12g Kohlenhydrate/37g Fett/29g Protein

Selleriecremesuppe mit Austernpilzen

Zutaten für 4 Portionen:

- 330 g Knollensellerie
- 800 ml Gemüsebrühe
- Salz
- Pfeffer
- 8 EL Sahne
- 200 g Austernpilze
- 4 EL Pflanzenöl
- Schnittlauchröllchen zum Garnieren

Zubereitung:

1. Knollensellerie waschen, schälen und in Stücke schneiden.
2. Gemüsebrühe aufkochen und den Knollensellerie darin etwa 10 Minuten garen.
3. Pürieren und mit Salz und Pfeffer würzen.
4. Die Sahne schlagen und unter die Suppe heben.
5. Austernpilze feucht abwischen, putzen und in Stücke schneiden.
6. In heißem Pflanzenöl unter Rühren 5 Minuten braten.
7. Mit Salz und Pfeffer würzen.
8. Die Pilze in die Suppe geben und mit Schnittlauchröllchen garniert servieren.

Zucchini Humus

Zutaten:

- ¼ Tasse Sesamsamen
- 3 Esslöffel Olivenöl
- 2 Tassen Tahini
- 1 ¼ Tassen Kreuzkümmel
- 2 Esslöffel Meersalz
- ½ Tasse frischen Zitronensaft
- 3 Zucchini (gehackt und gekocht)

Zubereitung:
- Lass die Sesamsamen für 5 Stunden in einer Schüssel mit Wasser quellen.
- Trockne die Samen und gebe alle Zutaten außer den Zucchini in einen Mixer.
- Mixe alles bis eine weiche Masse entsteht.
- Gebe die Zucchini auf einen Teller und gebe die vermischte Masse oben drauf.

Schnelle griechischer Nudelsalat

Zutaten:

1 Packung (8 Unzen) Spiral-Nudeln

¼ Tasse entkernte griechische Oliven in Scheiben

2 gehackte Eiertomaten

1 Esslöffel entwässert Kapern

¼ Tasse zerbröckelte Feta-Käse

Dressing

2 Esslöffel griechischen vinaigrette

1 ½ Teelöffel gehackte Petersilie

1 gehackte Knoblauchzehe

Anfahrt:

1. vorbereiten und die Spiral-Nudeln durch Anschluss an das Paket Richtungen:. Sobald die Spiral-Nudeln gekocht, abtropfen lassen und abspülen mit kaltem Wasser. Legen Sie in eine große Salatschüssel geben. Griechische Oliven, Eiertomaten und Kapern unterrühren.

(2) in eine kleine Schüssel, Schneebesen die griechischen Vinaigrette, Petersilie und Knoblauch. Die Pasta-Gemüse-Mischung beträufeln Sie Salat Nudeln Dressing. Mit Feta-Käse bestreuen. Zusammen werfen

Sie, bis alles gut bedeckt ist. Im Kühlschrank vor dem servieren.

Montag – Abendessen

Zutaten für Keto Frikadellen mit Kohl
Frikadellen
350 g Hackfleisch
½ Ei
50 g zerbröselter Feta-Käse
Prise Teelöffel Salz
Prise gemahlener schwarzer Pfeffer
30 g frische Petersilie, fein gehackt
1 EL Olivenöl, zum Braten
15 g Butter zum Braten
Soße
100 ml Schlagsahne
15 g frische Petersilie, grob gehackt
1 EL Tomatenmark oder Ajvarrelish
Prise Salz und Pfeffer
Gebratener Grünkohl
350 g geschredderter Grünkohl
60 g Butter
Salz und Pfeffer
Zubereitung Frikadellen

1. Alle Zutaten für die Frikadellen in eine große Schüssel geben und gut vermischen und danach zu Frikadellen formen.
2. Butter und Olivenöl in eine große Pfanne geben. Bei mittlerer Hitze für mindestens 10 Minuten die Frikadellen anbraten. Immer wieder mal wenden die Frikadellen.

3. Wenn die Frikadellen fertig sind, dann die Zutaten der für die Soße mit in die Pfanne geben und gut umrühren und einige Minuten köcheln lassen. Mit Salz und Pfeffer abschmecken.
4. Gehackte Petersilie vor dem Servieren darüber streuen.

Zubereitung für den Grünkohl

1. Den Kohl mit einem scharfen Messer fein schneiden.
2. Butter in eine große Pfanne geben und bei mittlere Hitze den Kohl kurz anbraten. Mindestens für 15 Minuten oder bis der Kohl verwelkt und goldbraune Ränder hat.
3. Regelmäßig rühren und die Hitze senken bis zum Ende der Zeit. Mit Salz und Pfeffer abschmecken.

Übersicht pro Portion

Netto Kohlenhydrate: 4% (10 g)
Faser: 5 g
Fett: 77% (78 g)
Protein: 19% (43 g)
kcal: 928

Blaubeer-Eiscreme

Zubereitungszeit: 10 Minuten

2 Portionen

Zutaten:

100 ml Crème fraîche

200 ml Sahne (mind. 40% Fettanteil)

100 g Blaubeeren

½ EL Vanillepulver

1 Eigelb

Zubereitung:

1. Die Sahne steif schlagen. Das Gleiche anschließend mit der Crème fraîche machen (beide einzeln, da sie unterschiedlich lang brauchen bis sie fest werden).
2. Nun alle Zutaten mixen bis die Blaubeeren zerkleinert sind.
3. In eine Schale geben und ca. 1 Stunde im Frost lassen.
4. Anschließend die Eiscreme mit Blaubeeren garnieren.

Nährwertangaben pro Portion:
508kcal/12g Kohlenhydrate/49g Fett/5g Protein

Mandel-Kokos-Aufstrich

Zutaten für 4 Portionen:

- 200 g Mandeln (alternativ 200g gehackte Mandeln)
- 4 EL Kokosflocken
- 1 TL Zimt
- 10 EL Ahornsirup

Zubereitung:

1. Die Mandeln mit kochendem Wasser überbrühen und schälen.
2. Trocknen und klein hacken.
3. Mandeln mit Kokosflocken, Zimt und Ahornsirup verrühren.
4. Den Aufstrich in ein heiß ausgespültes, trockenes Glas füllen.
5. Hält sich etwa 1-2 Wochen im Kühlschrank.

Einsamer Stern Keto Kuchen

Bist du interessiert an einem Rezept, welches du in deine Diät einbauen kannst, um Gewicht zu verlieren? Dann ist dies das Dessert, welches den Traum jedes Erdnussbutter-Liebhabers darstellt!

Vorbereitungszeit: 15 Minuten
Kochzeit: 1 Stunde + 1 Stunde Abkühlzeit
Portionen: 20
Zutaten:

2 Tassen Mandelmehl
½ Tasse Butter, vorzugsweise organisch
¼ Tasse Kakaopulver
1/3 Tasse Kokosnussmehl
3 Eier, vorzugsweise groß und vom Bauernhof
1/3 Tasse Whey Protein Pulver, ungesüßt
1 Esslöffel Backpulver
½ Teelöffel Meeressalz
¼ Tasse Wasser
¼ Tasse Schlagsahne
½ Tasse Wasser
1 Teelöffel Vanille-Extrakt
Für die Glasur:
¼ Teelöffel Xanthan
½ Tasse Butter
1 ½ Tassen pulverisiertes Swerve Süßungsmittel
¼ Tasse Kakaopulver
¾ Tasse Pekannüsse, grob gehackt
¼ Tasse Sahne

¼ Tasse Wasser
1 Teelöffel Vanille-Extrakt

Zubereitungsmethode:

1) Beginn damit, den Ofen auf 160 Grad Celsius vorzuheizen.
2) Vermische danach Mandelmehl, Backpulver, Kokosnussmehl, Eiweißpulver und Salz in einer großen Schüssel gut miteinander. (Stelle sicher, dass keine Klumpen entstehen.)
3) Nimm als nächstes eine beschichtete Pfanne und erwärme diese bei mittlerer Hitze.
4) Füge nun Butter, Kakaopulver und Wasser hinzu und verrühre alles gut, bis die Butter geschmolzen ist und die Mischung anfängt zu kochen.
5) Rühre nun diese Kakaomischung in die Rührschüssel unter und vermische alles gut.
6) Füge danach Eier, Schlagsahne, Wasser und Vanilleextrakt in die Rührschüssel und vermische alles gut miteinander.
7) Gieße nun die Masse auf ein Backblech mit eingefettetem Backpapier und backe alles im Ofen für 16 bis 21 Minuten oder bis man einen Zahnstocher in der Mitte einstechen und sauber herausnehmen kann.
8) Nimm für die Glasur eine beschichtete mittelgroße Pfanne und verrühre darin Butter, Schlagsahne, Kakaopulver und Wasser gut miteinander.

9) Bringe diese Mischung zu köcheln und verrühre danach den Vanilleextrakt gut unter.
10) Wenn sich alles gut vermischt hat, füge Swerve allmählich, immer eine halbe Tasse, hinzu und verrühre es.
11) Rühre nun das Xanthum in die Mischung bis eine gleichmäßige Masse entstanden ist.
12) Gieße diese Mischung über den warmen Kuchen und belege diesen mit kleingeschnittenen Pekannüssen.
13) Lass den Kuchen abkühlen, so dass die Glasur fest wird und genieße diesen leckeren Kuchen.

Tipp: Wenn du kein Mandelmehl besitzt, versuche Sonnenblumenkern-Mehl zu verwenden.

Nährwertangaben:

- Kalorien- 230 kcal
- **Fett- 20,32g**
- Kohlenhydrate- 2,8gm
- **Eiweiß- 5,76g**
- Ballaststoffe 3,06g

Ramen-Nudeln und Rindfleisch

Zutaten:

1 Pfund Hackfleisch

Ein Paket-Pilz Aroma-Ramen-Nudeln

Zwei Pakete Huhn Geschmack Ramen-Nudeln

2 Tassen gefrorene gemischte Gemüse

1/4 Teelöffel Knoblauchpulver

1/4 TL getrockneter Thymian

2 Tassen Wasser

Anweisungen

1. Fügen Sie alle drei Pakete Nudeln in eine große Schüssel geben, die Gewürze-Pakete zu entfernen und beiseite stellen.

2. die Nudeln in ein-Zoll-Stücke zu brechen.

3. Fügen Sie das Fleisch in eine Pfanne geben und durch Kochen Sie, bis das Fleisch nicht mehr rosa ist, überschüssiges Fett abtropfen.

4. Fügen Sie das Fleisch zurück in die Pfanne geben und die Saison mit dem Pilz Ramen Gewürz-Päckchen, Sate für 2 bis 3 Minuten. Nehmen Sie Mittelwert aus der Pfanne auf eine weitere ap Handtuch.

5. Fügen Sie Wasser in die Pfanne und Hitze zum Kochen bringen.

6. Fügen Sie alle die Nudeln und das tiefgefrorene Gemüse, Thymian, Knoblauchpulver und den restlichen Hähnchen Gewürz-Pakete.

(7) zum Kochen bringen Sie, dann reduzieren Sie die köcheln lassen.

8. bedecken Sie die Pfanne und köcheln Sie lassen bis die Nudeln weich sind.

9. das Fleisch wieder in die Nudeln hinzufügen und mischen.

10 servieren Sie mit Brot.

Freitag – Frühstück

Zutaten für gekochte Eier mit Mayonnaise
2 hartgekochte Eier
4 EL Mayonnaise
Avocado (optional)
Zubereitung

Mit Mayonnaise servieren.
Übersicht pro Portion
Netto-Kohlenhydrate: 1% (1 g)
Faser: 0 g
Fett: 84% (29 g)
Protein: 14% (11 g)
kcal: 316

Pizza Cracker Snack mit Guacamole (optional)

Zubereitungszeit: 25 Minuten

6 Portionen

Zutaten:

30 g Mandelmehl

35 g Leinsamen

10 g Kokosmehl

2,5 g Flohsamenschalen

5 g Chiasamen

1/3 TL Salz

80 ml Wasser

1 EL Italienische Kräuter (optional)

Zubereitung:
1. Alle Zutaten für das Rezept vorbereiten.
2. Mandelmehl, Leinsamen, Kokosmehl, Flohsamenschalen, Chia Samen, Salz in eine Schüssel füllen.
3. Wasser dazugeben.
4. Mit einem Food Processor zu einem Teig kneten.

5. Den Teig 1 Stunde kalt stellen.
6. Danach dünn zwischen 2 Lagen Backpapier ausrollen.
7. Im Ofen bei 180 Grad Umluft etwa 20 Minuten backen bis die Pizza Cracker braun und knusprig sind.
8. Die Pizza Cracker mit einem ketogenen Dip genießen.

Nährwertangaben pro Portion:

61 kcal/1g Kohlenhydrate/5g Fett/3g Protein

Rotkohlgemüse mit Nüssen und Créme Fraîche

Zutaten für 4 Portionen:

- 700 g Rotkohl
- 3 EL Dinkelmehl
- 2 EL Butter
- 500 ml Gemüsebrühe
- Salz
- Pfeffer
- 1 TL Zitronensaft
- 100 g Créme Fraîche
- 2 EL gehackte Haselnüsse

Zubereitung:

1. Rotkohlblätter waschen, trocknen, putzen und in feine Streifen hobeln, dabei die harten Strünke entfernen.
2. Dinkelmehl in der heißen Butter anschwitzen, die Gemüsebrühe angießen und mit Salz, Pfeffer und Zitronensaft würzen.
3. Rotkohlstreifen 5 Minuten in der Sauce erwärmen.
4. Créme Fraîche unterrühren.
5. Gehackte Haselnüsse in einer Pfanne ohne Fett rösten, über die Rotkohlpfanne streuen und sofort servieren.

Rezepte für Mittagessen

Penne mit gebratenem Gemüse

Penne hat genug Gewicht in Kombination mit klobigen Zutaten behaupten:. Gepaart mit karamellisierten gebratenem Gemüse, macht es eine Füllung, nahrhafte Mahlzeit.

Zutaten:

- 1 große Butternut-Kürbis, geschält und gewürfelt
- 1 große Zucchini, gewürfelt
- 1 große gelbe Zwiebel, gehackt
- 2 Esslöffel kaltgepresstes Olivenöl
- 1/2 TL Salz
- 1/2 Teelöffel frisch gemahlener schwarzer Pfeffer
- 1 Teelöffel Paprikapulver
- 1/2 Teelöffel Knoblauchpulver
- 1 Pfund Vollkorn-penne
- 1/2 Tasse trockener Weißwein oder Hühnerbrühe
- 2 EL geriebener Parmesan

Zubereitung:

Heizen Sie den Backofen auf 400° F. Ein Backblech mit Alufolie.

Werfen Sie in einer großen Schüssel das Gemüse mit dem Olivenöl, dann auf dem Backblech verteilen. Bestreuen Sie das Gemüse mit Salz, Pfeffer, Paprika und Knoblauchpulver und Backen Sie nur bis Gabel-Ausschreibung, 25 bis 30 Minuten.

In der Zwischenzeit bringen Sie einen großen Topf Wasser zum Kochen, bei starker Hitze und Kochen Sie die Penne nach der Packungsanweisung, bis Sie al Dente (noch etwas fester). Abgießen aber nicht abspülen.

Platz 1/2 Tasse des gebratenen Gemüse und Wein oder Lager in einem Mixer oder Küchenmaschine und glatt rühren.

Platzieren Sie das Püree in einer großen Pfanne und Hitze, bei mittlerer bis hoher Hitze. Fügen Sie die Nudeln und kochen, rühren, bis die durch erhitzt hinzu.

Servieren Sie die Pasta und Sauce, garniert mit gebratenem Gemüse. Mit Parmesan bestreuen.

Buttermilchwaffeln mit Dinkel

Zutaten für 4 Portionen:

- ☐ 125 g weiche Butter
- ☐ 4 Eier
- ☐ 250 g Dinkelmehl
- ☐ 2 TL Backpulver
- ☐ 350 ml Buttermilch
- ☐ 50 g Zucker
- ☐ 1 Prise Salz
- ☐ Zucker und Zimt oder Früchtequark zum Servieren
- ☐ Fett für das Waffeleisen

Zubereitung:
1. Die Butter mit den Eiern schaumig schlagen.
2. Das Dinkelmehl mit dem Backpulver mischen und abwechselnd mit der Buttermilch unter die Eimasse rühren.
3. Zum Schluss den Zucker und 1 Prise Salz in den Teig rühren und das Waffeleisen aufheizen.
4. Das Waffeleisen einfetten und aus dem Teig nach und nach goldgelbe Waffeln backen.
5. Fertige Waffeln ggf. im Ofen warmhalten.
6. Mit Zucker und Zimt oder Früchtequark servieren.

Mandel Schoko Aufstrich

Zutaten:

150 ml Sahne
30 g Backkakao
60 g Butter
50 g gemahlene Mandeln

Zubereitung:

1. Topf auf dem Herd erwärmen.
2. Butter in den Topf geben und zerlaufen lassen.
3. Dann die Sahne, den Kakao sowie die Mandeln langsam und nach und nach zugeben.
4. Unter ständigem Rühren erhitzen.
5. Alle Zutaten gründlich vermischen.
6. Danach die Masse kurz abkühlen lassen.
7. In ein verschließbares Glas füllen.

8-Wolkenbrot mit Toppings deiner Wahl

Zutaten

3 Eier
3 EL Frischkäse
¼ TL Backpulver
Für Wolken-French-Toast
6-8 Scheiben Wolkenbrot
2 Eier
50g Milch oder Sahne
50g Erythrit (Zuckerersatz)
1 TL Zimt
½ TL Vanille Extrakt
Salz
2 TL Butter

Zubereitung

Kochzeit: ca. 15 Min

1-Den Frischkäse mit Eigelb in einer Schüssel vermischen. In einem anderen Teller wird das Backpulver unter das Eiweiß gerührt und im Anschluss steifgeschlagen.
2-Die Eigelb-Frischkäse-Masse mit dem Eischnee in einen Rührbecher geben.

3-Backblech mit Backpapier auslegen. Danach mehrere kleine Fladen oder ein größeres Brot aus dem Teig formen. Das Brot oder die kleinen Fladen für ca.15 Minuten bei 150 Grad im Backofen backen.

Frühstückskuchen

Zubereitungszeit: 50 Minuten

Zutaten für 4 Portionen

- 145 g Mandelmehl
- 100 g Streusüße – z.B. Stevia
- 3-4 ml Kokosöl
- ½ TL Zimtpulver
- 90 g griechischer Joghurt
- 1 Bio-Ei
- 1 TL Vanilleextrakt

Zubereitung

1. Den Backofen auf 150°C Umluft vorheizen. Eine 18er-Backform mit Backpapier auskleiden.
2. Nun 25 g Mandelmehl, 20 g Süße, Kokosöl und Zimt per Hand zu Streuseln verarbeiten.
3. Die übrigen Zutaten mit der Küchenmaschine gut vermengen und den Teig in die Form füllen.
4. Dann die Streusel darüber geben und den Kuchen etwa 20 Minuten backen.

Ketogene Hähnchenbrust (gefüllt und überbacken)

Zutaten für zwei Personen

600 g Hähnchenbrustfilet

120 g Mozzarella

80 g Cheddar geraspelt

1 Tomate

30 g Keto Pesto

Salz

Pfeffer

Zubereitung

Nachdem du alle Zutaten für das Low Carb Rezept zusammen hast, heizt du den Backofen auf 180º C vor (Umluft).

Dann streichst du eine Auflaufform mit Öl aus, reinigst das Fleisch mit Wasser und tupfst es anschließend trocken

Nun schneidest du die Tomate und den Mozzarella-Käse in Scheiben

Jetzt schneidest du das Geflügelfleisch alle 2 cm quer ein (nicht durchschneiden)

Folgend steckst du abwechselnd Mozzarella und die Tomatenscheiben in die Schnitte

Jetzt noch mit Pfeffer würzen, in die Auflaufform legen und Cheddar darüber streuen

Zum Schluss noch das Hähnchenbrustfilet im Ofen 40 Minuten fertig backen und servieren

Nährwertangabe für das Rezept

Kcal	Kohlenhydrate	Eiweiß	Fett
523	2 g	64 g	27 g

Sonntag – Mittagessen

Zutaten für Keto-Spargel umwickelt mit Schinken
6 grüne Spargelstücke
30 g Prosciutto, in dünnen Scheiben geschnitten
75 g Ziegenkäse
Prise gemahlener schwarzer Pfeffer
1 EL Olivenöl

Zubereitung
Den Ofen auf 225 ° C vorheizen.
Den Spargel waschen und schneiden.
Den Käse in 12 Scheiben schneiden
Den Schinken mit zwei Käsescheiben im den Spargel wickeln.
In eine mit Pergamentpapier ausgekleidete Auflaufform legen. Pfeffer hinzufügen und mit Olivenöl beträufeln.
Im Ofen ca. 15 Minuten braten bis sie goldbraun sind.
Übersicht pro Portion
Netto-Kohlenhydrate: 2% (1 g)
Faser: 1 g
Fett: 77% (19 g)
Protein: 20% (11 g)
kcal: 222

Hühnchen mit Zucchini-Spaghetti

Zutaten für 4 Personen:

4 Hähnchenschenkel mit Haut

Kokosöl

Salz und Pfeffer

Für die Sauce:
5 EL Butter

2 Paprikaschoten in verschiedenen Farben

1 klein geschnittene Zwiebel

100g Champignons, geviertelt

180 ml Brühe, instant

80g Doppelrahmfrischkäse

2 Eigelbe

1 EL Zitronensaft

½ TL Paprikapulver

2 Zucchini

Salz und Pfeffer

1. Zunächst die Hähnchenschenkel mit Salz und Pfeffer würzen und dann in der Pfanne braten. Die Schenkel dabei mehrmals wenden. Das dauert ungefähr 20 Minuten. Wenn sie gar sind, die Schenkel vom Herd nehmen und beiseite stellen.

2. Für die Sauce: Die Butter in einen Topf erhitzen, bis sie anfängt zu schäumen und braun wird. Nun die Hitze reduzieren. Nun Paprika, Zwiebeln und die Pilze hinzugeben und alles in etwa 8 Minuten weich garen.

3. Die Brühe mit dem Frischkäse vermischen und glattrühren und unter das Gemüse heben.

4. Nun mit dem Quirl Eigelb, Zitronensaft und Paprika verquirlen. 100ml Sauce aus dem Topf nehmen und langsam in das Eigelb fließen lassen.

5. Jetzt die Eigelbmischung in die Sauce rühren. Die Sauce darf nicht zu heiß sein, da sie sonst gerinnt. Nun zwei Minuten weiterrühren, bis die Sauce eindickt.

6. Das Hühnerfleisch vom Knochen ablösen und in kleine Stücke schneiden. Dieses nun in die Gemüsesauce geben und zusammen erwärmen.

7. Die Zucchini in feine Streifen schneiden. Die Zucchini auf vier Teller anrichten und die Hähnchensauce darüber geben.

Kräuterquark

Zutaten:

40g Mascarpone

20 g Speisequark, 40% Fett

45 g Sahne

Gewürze

2 Zwiebeln

10 g Kräuter

Zubereitung:

1. Die Mascarpone mit Sahne und Quark verrühren, die fein gewürfelten Zwiebeln und gehackten Kräuter darunter rühren und mit den Gewürzen abschmecken.

Nährwertangaben:
360kcal/3,64g   Kohlenhydrate/36,25g   Fett/4,88g Protein

Grill Hähnchenspieße

Zutaten für 2 Portionen:

- 350 g ausgelöste Hühnerkeulen
- 1/2 EL Fenchelsaat
- 1/2 EL Koriandersaat
- 1/3 TL Kümmelsaat
- 2 Pimentkörner
- 1 getrocknete Chilischoten
- 1Stücke Langer Pfeffer
- 1/2 TL grobes Meersalz
- 1/2 TL brauner Zucker
- 1/2 EL edelsüßes Paprikapulver
- 1/2 EL getrockneter Oregano
- 1/2 EL getrockneter Thymian
- 1/4 TL gemahlener Macis
- 1/3 TL Knoblauchpulver
- 1 rote Zwiebel
- 1 rote Spitzpaprika
- 3 Holzspieße

Zubereitung:

1. Für die Trockenmarinade (Dry rub) rösten Sie Fenchel-, Koriander- und Kümmelsaat, Piment, Chili

und langen Pfeffer in einer Pfanne ohne Fett an, bis die Gewürze zu duften beginnen.
2. Lassen Sie diese Abkühlen und mahlen Sie alles mit zusätzlich dem Meersalz, Zucker, Paprikapulver, Oregano, Thymian, Macis und Knoblauch im Mörser sehr fein.
3. Vierteln Sie als nächstes die Zwiebeln längs, putzen Sie die Paprika, halbieren Sie diese längs, entkernen und in Stücke schneiden.
4. Nun schneiden Sie das Fleisch in ca. drei cm große Würfel und vermengen es mit der Hälfte des Dry rubs. Stecken Sie jetzt das Fleisch und das Gemüse abwechselnd auf 12 Spieße, geben Sie diese auf den heißen Grill und grillen Sie die Spieße für 12–15 Minuten von allen Seiten an.
5. Servieren Sie die Hähnchenspieße mit der BBQ-Sauce.

Bonustipps zur Zubereitung
6. Räucherholz: Wenn Sie Ihrem Fleisch oder Fisch ein ganz besonderes, rauchiges Aroma geben möchten, können Sie dem Brennmaterial auch Räucherholz beigeben.
7. Die kleinen Holzklötzchen oder -chips gibt es in verschiedenen Geschmäckern – von schwer rauchig bis süßlich mild und sind im Baumarkt erhältlich.

Lebkuchen-Haferflocken

<u>Zutaten:</u>

- 1 Tasse Wasser
- ½ Tasse altmodischen Hafer
- ¼ Tasse ungesüßten Kirschen/Preiselbeeren (getrocknet)
- 1 TL gemahlener Ingwer
- ½ TL gemahlener Zimt
- ¼ TL Muskat Boden
- 1 EL Leinsamen
- 1 Esslöffel Melasse

<u>Vorbereitungen</u>

1. in einem kleinen Topf mischen Sie alle Wasser, Hafer, Cranberries oder Kirschen, Zimt und Muskatnuss.

2. Schalten Sie die Hitze auf Mittel-hoch.

3. bringen Sie die Mischung zum Kochen.

4. Hitze reduzieren und köcheln lassen.

5. lassen Sie das Wasser reduziert werden oder leicht absorbiert, es dauert in der Regel 5 Minuten.

6. Mischen Sie im Leinsamen.

7. lassen Sie ca. 5 Minuten bedeckt stehen.

8. mit Melasse beträufelt und serviert.

Artischocken mit Oliven-Kräuter-Dip

Zutaten für 4 Portionen:
- 4 große frische Artischocken
- Salz
- Saft von 1 Zitrone
- 200 g Joghurt
- 100 g Creme legere
- 100 ml Sahne
- 3 grüne Peperoni aus dem Glas
- 5 schwarze Oliven ohne Stein
- 1 Bund gemischte Frühlingskräuter
- 1 Knoblauchzehe
- 1 TL Senf
- Pfeffer

Zubereitung:
1. Artischocken waschen, Stiele entfernen und die Blattspitzen mit einer Schere abschneiden.
2. In reichlich kochendem Salzwasser mit dem Zitronensaft etwa 25 Minuten garen.
3. Inzwischen den Joghurt mit der Creme légere und der Sahne verrühren.
4. Die Peperoni abtropfen lassen und klein schneiden und die Oliven hacken.
5. Kräuter waschen, trockenschütteln und die Blättchen hacken.
6. Alles zur Joghurt-Mischung geben.
7. Den Senf unterrühren und den Dip mit Salz und Pfeffer abschmecken.

8. Artischocken abtropfen lassen.
9. Die Blätter abzupfen und den fleischigen Teil in den Dip tunken.

Frühstücks Porridge

Zutaten:

2 große Eier
80 ml vollfette Kokosmilch Dose (wenn verträglich) oder Crème double (40 % Fett)
2 EL Erythrit
1 TL Apfelextrakt
¼ TL feines Meersalz
2 EL Kokosöl oder (wenn verträglich) ungesalzene Butter
1 Prise Zimt

Zubereitung:

1. Rührschüssel bereitstellen.
2. Die Eier in die Schüssel aufschlagen.
3. Die Kokosmilch oder Crème Double mit Erythrit, Apfelextrakt sowie Salz dazugeben.
4. Alles gründlich vermischen.
5. Topf mit Kokosöl oder Butter auf dem Herd erhitzen.
6. Die Eier-Milch-Mischung in das geschmolzene Öl geben und ca. 4 Minuten stocken lassen.
7. Mischung mit Holzlöffel zwischendurch immer vom Boden ablösen.
8. Die Masse muss bröckelig sein, dann ist sie gut.

9. Diese Bröckchen mit einem Schneebesen auflockern.
10. Nun den fertigen Brei in eine Müslischale geben und mit Zimt überstreuen.
11. Am Besten warm servieren.

2-Cesar Salat mit Sardellenfilets

Zutaten

1 Eigelb
8 EL Avocado Öl
3 EL Apfelessig
1 TL Dijon Senf
4 Sardellenfilets
1-2 Knoblauchzehen (optional)
4 EL geriebenen Parmesan
24 ganze Blätter von Salatherzen
55g Bacon
4 EL geriebener Parmesan zum garnieren

Zubereitung

Kochzeit: ca. 20 Min

1-Das Dressing für den Salat vorbereiten.
2-Dafür Eigelb, Apfelessig und Senf in einen hohen Topf geben und den Pürierstab einsetzen.
3-Langsam Avocado Öl hinzugießen und alles mit dem Pürierstab vermischen.

4-Das Eigelb sollte jetzt langsam emulgieren. Dann entsteht unsere Mayonnaise für den Salat. Wenn es bei der Zubereitung Probleme gibt, sollte einfach ein Teelöffel normale Mayonnaise zum Dressing gefügt werden.
5-Den Pürierstab beiseitelegen und die Sardellen, Knoblauch und den geriebenen Parmesan dazugeben.
6-Alles langsam vermischen, bis das Dressing eine cremige Konsistenz erreicht hat.
7-Den Bacon in einer Pfanne anbraten.
8-Den Salat waschen und gut trockenen.
9-Den Salat auf einen Teller anrichten und das Dressing darüber geben.
10-Den vorher knusprig gebratenen Bacon und den geriebenen Parmesan als Topping verwenden.

Pilz-Omelett

Zubereitungszeit: 20 Minuten

Zutaten für 1 Portion

- 30 g Champignons
- 15 g Lauchzwiebel
- 30 g Weidebutter
- 2 große Bio-Eier
- 15 ml Wasser
- Je ¼ TL Meersalz und Pfeffer
- 30 g Nacho-Soße

Zubereitung

1. Die Pilze und Lauchzwiebeln sehr klein schneiden. Beides in einer Pfanne mit 1 EL Butter anbraten. Dann herausnehmen und zur Seite stellen.
2. Nun die Eier mit Wasser, Salz und Pfeffer gut verquirlen.
3. Die übrige Butter in der Pfanne erhitzen und die Eimischung hineinfüllen. Bei reduzierter Hitze die Masse langsam stocken lassen.
4. Nun die Pilzmischung auf einer Hälfte des Omeletts verteilen und vorsichtig zusammenklappen.

5. Das Omelett anrichten und die Soße darüber gießen.

Ketogene Tomatensuppe

Zutaten für zwei Personen

800 g Tomaten

20 g Butter

1/4 Zwiebel

1 Knoblauchzehe

250 ml Gemüsebrühe

4 TL Olivenöl

8 g Erythrit

1 Prise Salz

1 Prise Pfeffer

Zubereitung

Zunächst bereitest du alle Zutaten für das Rezept vor

Dann ritzt du die Tomaten am Ansatz kreuzweise ein, legst sie kurz in kochendes Wasser und löscht sie dann mit kalten Wasser ab

Die Haut der Tomaten ziehst du dann mit einem Messer ab, und schneidest diese klein, ebenso wie die Zwiebeln, den Knoblauch und den Basilikum

Dies dünstest du dann mit Butter an, gibst die Brühe dazu und lässt es kurz aufkochen

Nun füllst du die Tomaten ein und lässt alles 10 Minuten köcheln

Folgend gibst du alles in einen Mixer und pürierst es

Fertig ist die Tomatensuppe. Guten Appetit.

Nährwertangabe für das Rezept

Kcal	Kohlenhydrate	Eiweiß	Fett
233	16 g	13 g	13 g

Eierpfannkuchen mit Schinken und Ei (2 Portionen)

Zutaten

225 g Hüttenkäse

4 Eier

1 EL (8 g) gemahlenes Psylliumschalenpulver

4 EL Butter oder Kokosöl

150 g geräucherter Feinschinken

150 g Cheddar Käse oder anderen Käse nach Ihrem Geschmack

½ fein gehackte rote Zwiebel

2 Eier

2 EL Butter

40 g Baby Spinat

4 EL Olivenöl

½ EL Rotweinessig

Prise Salz und Pfeffer

Zubereitung

- Die Eier in einer Schüssel verquirlen. Den Quark untermischen. Fügen Sie das gemahlene Flohsamenschalenpulver unter, damit keine klumpen entstehen.

Lassen Sie die Mischung für fünf Minuten ruhen, bis der Teig dick geworden ist

- Stellen Sie eine Bratpfanne bei mittlerer Hitze auf. Fügen Sie eine großzügige Menge Butter hinzu und braten Sie den Teig zu einem Pfannkuchen, immer wieder mal wenden, bis goldbraun ist. Machen Sie zwei Pfannkuchen pro Portion.
- Zwischen den zwei Pfannkuchen den Schinken, Zwiebelwürfel und Käse geben und zu wie ein Sandwich zubereiten.
- Den Spinat spülen und trocknen. Mischen Sie Öl, Essig, Salz und Pfeffer zu einer einfachen Vinaigrette.
- Fügen Sie mehr Butter in die Bratpfanne und braten Sie ein Ei, um auf jedem Sandwich ein Spiegelei oben drauf zu geben. Den Spinat mit der Vinaigrette servieren.

Übersicht pro Portion

Netto Kohlenhydrate: 3% (10 g)
Faser: 4 g
Fett: 77% (107 g)
Protein: 19% (60 g)
kcal: 1246

Hähnchen mit Cashewkruste

Zutaten für 2 Portionen:

- 2 Hähnchenbrustfilets
- 250 g TK- Blattspinat
- ½ Brötchen vom Vortag. (Ich empfehle hier Low Carb Brötchen)
- 15 g gesalzene geröstete Cashewkerne
- 1 Ei
- 2 EL Öl
- 1 Zwiebel
- 1 Knoblauchzehe
- 2 TL Butter
- Muskatnuss
- Salz
- Pfeffer

Zubereitung:

1. Den Spinat bitte auftauen.
2. Erhitzen Sie ein Blech im heißen Ofen bei 220 Grad (Umluft 200 Grad) auf der mittleren Schiene. Zerkleinern Sie jetzt das Brötchen und die Cashewkerne, wenn vorhanden in einem Blitzhacker.
3. Würzen Sie bitte die Hähnchenbrustfilets mit Salz und Pfeffer.
4. Das Ei verquirlen Sie bitte, wenden die Filets darin und lassen Sie diese anschließend abtropfen.

5. Danach wenden Sie die Hähnchenbrustfilets in der Cashew- Brötchen- Mischung.
6. Erhitzen Sie als nächstes Öl in einem kleinen Topf, setzen die Filets darauf und beträufeln Sie diese zusätzlich mit Öl.
7. Jetzt braten Sie die Filets im heißen Ofen 15 Min, dabei wenden Sie diese nach der Hälfte der Zeit.
8. Währenddessen würfeln Sie die Zwiebel und den Knoblauch fein und drücken Sie den Spinat aus. Nun erhitzen Sie die Butter und dünsten darin die Zwiebeln und den Knoblauch darin an.
9. Geben Sie den Spinat dazu und dünsten Sie ihn ca. 4–5 Min. mit an.
10. Würzen Sie alles mit Salz, Pfeffer und Muskat und servieren Sie es mit den Filets zusammen.

Huhn Rochambeau

Zutaten:

4 Hühnerbrüste

4 dicke Scheiben Toast

4 dicke Scheiben Schinken

4 Gläser Rotwein

1 Topf Bearnease-Sauce

1 große Handvoll gehackte Petersilie

Salz & Pfeffer

1 Zitrone

Vorbereitung

Zehn Minuten vor der Zugabe des Huhn zu sanft pochieren bis gekocht köcheln Sie die Zitrone, Lorbeerblatt, Petersilie Salz und Pfeffer in zwei Zoll Wein.

Leipziger Allerlei mit Spargel und Zuckerschoten

Zutaten für 4 Portionen:
- ☐ 400 g weißer Spargel
- ☐ 200 g grüne Bohnen
- ☐ 200 g Möhren
- ☐ 350 g Blumenkohl
- ☐ 100 g Zuckerschoten
- ☐ Salz
- ☐ 100 g Champignons
- ☐ 100 g Pfifferlinge
- ☐ 6 EL Butter
- ☐ 3 EL Mehl
- ☐ Pfeffer
- ☐ 2 Eigelb
- ☐ 100 ml Sahne
- ☐ Worcestersauce
- ☐ 2 EL frisch gehackter Kerbel

Zubereitung:
Spargel waschen, schälen, die Enden abschneiden und die Stangen in Stücke schneiden.
Bohnen waschen, abtropfen lassen, putzen und klein schneiden.
Möhren schälen, putzen und in Scheiben schneiden.
Blumenkohl waschen, trocknen und in Röschen teilen.
Zuckerschoten waschen und putzen.
Gemüse getrennt in kochendem Salzwasser bissfest blanchieren.

Abgießen, Kochwasser auffangen und das Gemüse eiskalt abschrecken.
Champignons und Pfifferlinge putzen, feucht abreiben und in Scheiben schneiden.
Die Hälfte der Butter in einer Pfanne zerlassen und die Pilze darin andünsten.
Herausnehmen und die restliche Butter darin schmelzen.
Mit dem Mehl eine Mehlschwitze herstellen, mit der aufgefangenen Gemüsebrühe ablöschen und cremig einkochen.
Mit Salz und Pfeffer würzen.
Gemüse und Pilze in die Sauce geben.
Eigelb in der Sahne verrühren, in die Sauce rühren und mit Worcestersauce abschmecken.
Mit frisch gehacktem Kerbel bestreut servieren.

Grüne Shakshuka

Zutaten:

50 g Frühlingszwiebel
1 grüne Chili-Schote
1 Knoblauchzehe
150 g Spinat
200 g Pak Choi
80 g Ziegenfrischkäse

30 g Bio-Sahne
20 g natives Olivenöl

½ TL gemörserte Koriandersamen
1/2 TL gemörserter Kreuzkümmel
3 Bio-Eier
      frische Kräuter gehackt (z.B. Petersilie, Dill, Schnittlauch, Koriander...)

Zubereitung:
1. Backofen vorheizen auf 180 ° Umluft.
2. Zwiebeln und Knobi schälen und fein hacken.
3. Chili säubern, entkernen und fein hacken.
4. Spinat waschen, säubern und abtrocknen.
5. Dann grob zerhacken.
6. Pak Choi waschen und das Grüne grob zerhacken.
7. Die weißen dickeren Stiele in feine Streifen zerschneiden und gesondert legen.
8. In einer Schüssel die Sahne mit dem Ziegenkäse gründlich verrühren.
9. Pfanne (ofenfest) mit dem Öl auf dem Herd erhitzen.
10. Die Zwiebeln, Knobi, Kümmel, Koriander sowie die hellen Pak Choi Teile in die heiße Pfanne geben und ca. 4 Minuten andünsten.
11. Nun das Pak Choi Grün sowie den Spinat in die Pfanne geben.
12. Unter Rühren soll diese Masse nun zusammenfallen.
13. Die Sahne-Käse Mischung dann dazu geben.
14. Mit Salz und Pfeffer abschmecken.

15. Alles unter Rühren aufkochen lassen und vom Herd nehmen.
16. Nun 3 Kuhlen in die Gemüse-Mischung formen. Geht am Besten mit einem EL.
17. Ei vorsichtig aufschlagen und je 1 Ei in eine Kuhle geben.
18. Nun die Pfanne mit Deckel abdecken und in den Backofen stellen.
19. Das Ganze ca. 18 Minuten backen.
20. Danach aus dem Ofen nehmen und kurz abkühlen lassen.
21. Die frischen Kräuter (nach Geschmack) fein zerhacken und Shakshuk damit bestreuen.
22. In der Pfanne servieren.

10-Blumenkohl-Püree

Zutaten

1 mittelgroße Selleriewurzel, geschält, in Würfel geschnitten
1 kleiner Blumenkohlkopf, in kleine Röschen schneiden
1/2 Teelöffel Salz
3 EL Butter
2 Bund Mangold
1 EL Butter
2 kleine oder 1 große Knoblauchzehe, fein gehackt
eine Prise Paprika Flocken
Meersalz nach Geschmack

Zubereitung

Kochzeit: ca. 25 Min

Den Dampfeinsatz in einen großen Topf legen und ihn mit Wasser bis knapp unter den Gareinsatz befüllen. Die Sellerie und Blumenkohlröschen in den Einsatz geben und die Temperatur passend einstellen, so dass ca. nach 15. Minuten alles weich ist. Das Gemüse in eine Schüssel geben, Butter und Salz hinzugeben und alles vermischen, bis ein Püree entsteht.

Die Mangoldblätter schneiden und Stiele in Streifen und Schnitten schneiden. Die Butter in einer großen Schüssel erwärmen. Den Knoblauch und die Paprika Flocken zur Butter geben und alles kurz anbraten. Nach ca. 3 Minuten die Mangoldstreifen dazugeben, sodass die Blätter nicht welk werden. Die Pfanne abdecken und noch kurz kochen lassen, sodass die Stängel zart werden. Auf das ketogene Püree die Mangold-Knoblauch-Mischung geben und servieren.

Keto Oopsies

Zubereitungszeit: 20 Minuten

Zutaten für 3 Portionen

- 5 große Bio-Eier
- 100 g Frischkäse

Zubereitung

1. Den Backofen auf 150°C vorheizen. 2 Backbleche mit Backpapier auslegen.
2. Die Eier trennen und das Eiweiß zu steifem Eischnee schlagen.
3. Die Eigelbe mit dem Frischkäse vermischen und vorsichtig unter den Eischnee heben.
4. Nun mittels eines Löffels etwa 8 große Kleckse Teig auf den Blechen verteilen. Diese im Ofen etwa 15 Minuten backen.
5. Sind die Buns braun, die Bleche aus dem Ofen nehmen und die Buns nach dem Erkalten vom Blech nehmen.

Ketogener Räucherlachs mit Kichererbsen-Blumenkohl-Puffern

Zutaten für zwei Personen

180 g Kichererbsen

150 g Blumenkohlröschen

Salz

Pfeffer

gemahlener Anis

gemahlener Koriander

1 TL Sojasoße

1 Ei

1 EL Weizenkleie

1 EL gemahlene Mandeln

2 EL Rapsöl

120 g Räucherlachs

3 TL saure Sahne

2 TL Meerrettich

Zubereitung

Zu Beginn gibst du die Kichererbsen mit etwas Flüssigkeit in ein hohes Gefäß und pürierst diese grob. Die Blumenkohlröschen schneidest du in Würfel und mischt diese darunter. Jetzt würzt du die Blumenkohlröschen noch mit Salz, Pfeffer, Anis, Koriander und Sojasoße, verquirlst ein Ei und mischt dies unter. Ebenso arbeitest du Weizenkleie und Mandeln ein, und vermischt es zu einer gleichmäßigen Masse.

Das Rapsöl wird nun in einer beschichteten Pfanne erhitzt. Aus dem Kichererbsen Teig formst du 6 kleine Puffer und brätst sie pro Seite 2 bis 3 Minuten.

Den Lachs schneidest du in Scheiben, die saure Sahne und Meerrettich verrührst du glatt. Schließlich richtest du den Lachs mit dem Dip und den Puffern an.

Nährwertangabe für das Rezept

Kcal	Kohlenhydrate	Eiweiß	Fett
395	16 g	26 g	24 g

Kaffee mit Schlagsahne (1 Portion)

Zutaten

225 ml Kaffee

60 ml schwere Schlagsahne

¼ TL Vanilleextrakt

Kakaopulver oder gemahlener Zimt (optional)

Zubereitung

- Kaffee wie üblich zubereiten.
- Sahne mit etwas Vanilleextrakt schlagen, bis sich weiche Spitzen bilden.
- Den Kaffee in einen geeigneten Becher oder Glas eingießen und einen Klecks Sahne oben drauf geben.
- optional Kakaopulver oder Zimt hinzu geben.
- Sofort servieren, vorzugsweise mit ein paar Ihrer Lieblings- Nüsse.

Übersicht

Die Nährwerte werden ohne die Nüsse und Schokolade gezählt.

Netto-Kohlenhydrate: 3% (2 g)
Faser: 0 g
Fett: 93% (21 g)
Protein: 4% (2 g)
kcal: 206

Gebackene Chicken Noodle Casserole

<u>Zutaten:</u>

2 ohne Knochen Hähnchenbrust, gehackt

1 12-Unze-Beutel Eiernudeln

1 (10 ¾ Unze) kann die Creme der Hühnersuppe

Magermilch

1 großes Ei, entführt

2 Tassen in Scheiben geschnittenen Champignons

1 ½ Tassen geriebenen Käse

<u>Anleitung:</u>

1. Heizen Sie den Backofen auf 350° F (175° C).

2. kombinieren Sie die Hähnchen und Nudeln in eine Auflaufform geben.

3. Gießen Sie die Suppe in eine Schüssel, dann füllen Sie die Dose mit Milch und gießen Sie sie.

4. die Suppe und Milch in das Ei verquirlen, dann rühren in den Topf geben, mit den Pilzen.

5. bedecken Sie die Schüssel mit Folie und im vorgeheizten Backofen 30 bis 40 Minuten bis durch erhitzt.

(6) aufzudecken und bestreuen mit dem Käse.

7. Backen Sie für weitere 5 Minuten oder so, bis der Käse schmilzt.

Lachs mit Ofengemüse und Feta

Zutaten für 4 Portionen:
- [ ] 500 g Lachsfilet
- [ ] 2 Zucchini
- [ ] 2 gelbe Paprika
- [ ] 40 Kirschtomaten
- [ ] 200 g Champignons
- [ ] 2 Knoblauchzehe
- [ ] 8 EL Olivenöl
- [ ] 2 Zweige Thymian
- [ ] 2 EL Paprikapulver
- [ ] 2 rote Zwiebel
- [ ] 200 g Feta
- [ ] Salz
- [ ] Pfeffer

Zubereitung:
Ofen auf 180 °C vorheizen.
Ein Backblech mit Alufolie auslegen.
Champignons putzen.
Pilze und Zucchini in dünne Scheiben schneiden.
Die Paprika entkernen und in Streifen schneiden.
Die Tomaten halbieren.
Den Knoblauch schälen und hacken.
Knoblauch und Gemüse mit Olivenöl und Paprikapulver vermengen.
Alles mit Pfeffer und Salz würzen.
Lachs ebenfalls mit Salz und Pfeffer würzen.
Den Feta über dem Gemüse verteilen.

Zusammen mit dem Lachs im heißen Ofen ca. 30 Minuten backen.

Hack Lauch Suppe

Zutaten:

1 EL Kokosöl
500 g Hackfleisch
2 Stangen Lauch
1 rote Zwiebel
1 Zehe Knoblauch
600 ml Brühe
200 g Schmelzkäse 45% Fett i.Tr.
Pfeffer, Salz
<u>Kümmel</u>
Muskatnuss

Zubereitung:

1. Hohe Pfanne mit etwas Öl auf dem Herd erhitzen.
2. Zwiebel und Knobi schälen und fein würfeln.
3. In die heiße Pfanne geben.
4. Hackfleisch ebenfalls in die Pfanne geben und anbraten.
5. Mit Salz, Pfeffer, Kümmel und Muskatnuss abschmecken.
6. Alles gründlich und mehrfach umrühren.
7. Lauch waschen und in dünne Scheiben schneiden.
8. Zu dem Hackfleisch geben.
9. Alles gründlich vermengen und ebenfalls kurz anbraten.

10. Sodann das Hackfleisch Lauch Gemisch mit der Brühe ablöschen.
11. Nun den Schmelzkäse beigeben und kurz aufkochen.
12. Ggfs. nachwürzen.
13. Zum Servieren in kleine Suppenschalen geben und ggfs. mit klein gehacktem Lauch dekorieren.

4-Hähnchen Chili Con Carne in Taco's

Zutaten
8 Taco Shells
400 g Hähnchenbrust frisch
400 g Tomaten stückig
150 g rote Kidney Bohnen (Dose)
100 g Mais (Dose)
1 rote Chilischote
1 grüne Chilischote
2 Knoblauchzehen
1 rote Paprika
1 orange Paprika
1 Bund Petersilie
1 Bund Koriander
1 EL Olivenöl
1 TL Harissa
1 TL Sojasauce
Paprika rosenscharf
Meersalz & Pfeffer

Zubereitung

Kochzeit: ca. 35 Min

1-Die Hähnchenbrust waschen, trocken tupfen und in kleine Würfel schneiden.

2-Die Hähnchenbruststücke in der Moulinette zerkleinern.

3-Paprika in kleine Würfel schneiden und beiseitelegen.

4-Knoblauch und die Chilischoten in feine Schnitte schneiden und zusammen mit dem Öl anbraten.

5-Die Harissa-Paste und das Paprikapulver hinzugeben, alles etwas durch schwenken, dann das Hähnchenhackfleisch hinzugeben und alles anbraten.

6-Die Paprika hinzugeben und alles ordentlich vermischen.

7-Die Bohnen und den Mais dazugeben, etwas durch schwenken und alles mit den Tomaten auffüllen.

8-Mit Salz und Pfeffer würzen und ca. 30 min. Ziehen lassen.

9-Koriander und Petersilie klein hacken und etwas vor Ende der Kochzeit gemeinsam mit der Sojasoße zum Chili Con Carne geben. Alles noch einmal abschmecken und evtl. Nachwürzen.

10-Die Tacos auf einem Backblech verteilen und im vorgeheizten Backofen bei 180°C ca. 3 min. erwärmen.

11-Die Tacos einzeln mit dem Chili Con Carne befüllen und servieren, dazu nach Belieben noch ein Stückchen Zitrone geben.

Zucchini-Brot

Zubereitungszeit: 80 Minuten

Zutaten für 1 Brot

- 75 g Zucchini
- 10 Bio-Eier
- 90 g Weidebutter
- 30 g Streusüße
- 10 g Mandelmus
- 80 g Kokosmehl
- 1 TL Weinstein-Backpulver
- 2 TL Zimtpulver
- ½ TL gemahlener Ingwer
- 1 TL Meersalz
- 1 TL Vanilleextrakt

Zubereitung

1. Den Backofen auf 160°C Umluft vorheizen. Eine Kastenform mit Backpapier auskleiden.

2. Die Zucchini sehr fein pürieren. Dann mit den übrigen Zutaten zu einem glatten Teig vermengen.
3. Den Teig in die Brotform füllen und etwa 1 Stunde backen.
4. Danach das Brot aus der Form stürzen und auf einem Gitter auskühlen lassen.

Keto Haselnussaufstrich (6 Portionen)

Zutaten

   150 g Haselnüsse

   60 ml Kokosnussöl

   30 g ungesalzene Butter

   2 EL (10 g) Kakaopulver

   1 TL Vanilleextrakt

   1 Teelöffel **Erythritol** (optional)

Zubereitung

- Braten Sie die Haselnüsse in einer trockenen und heißen Pfanne an, bis sie eine schöne goldene Farbe haben. Achten Sie sehr genau darauf - die Nüsse brennen leicht an! Ein wenig abkühlen lassen.
- Legen Sie die Nüsse in ein sauberes Küchenhandtuch und reiben Sie, so dass einige Schalen sich lösen.
- Legen Sie die Nüsse mit allen übrigen Zutaten in einen Mixer und bis zur gewünschten Konsistenz mixen. Je länger Sie mischen, desto glatter wird der Aufstrich.

Übersicht pro Portion

   Netto-Kohlenhydrate: 3% (2 g)
   Faser: 3 g
   Fett: 91% (28 g)
   Protein: 6% (4 g)
   kcal: 271

Ketogene Rührei

Zutaten:

- 3 großen Eiern
- 1 Esslöffel ungesalzene Butter
- Meersalz und frisch gemahlener Pfeffer

Schritte:

- Benutzen Sie eine Gabel zu die drei Eiern in einer Schüssel schlagen.

- Die Butter in die mittlere Antihaft-Pfanne bei schwacher Hitze schmelzen. Gießen Sie in den Eiern.

- Mit einem hitzebeständigen flexiblen Spachtel vorsichtig ziehen Eiern in die Mitte der Pfanne und lassen Sie die flüssigen Teile unter den Umfang ausgehen. Kochen Sie, ständig in Bewegung Eiern mit dem Spatel nur bis Eiern, 1 1/2 bis 3 Minuten eingestellt sind.

Eine Prise frisch gemahlener Pfeffer und Salz hinzufügen. Viel Spaß!

Thunfisch-Salat

Zutaten für 2 Portionen:
- ☐ 1 Dose Thunfisch im eigenen Saft
- ☐ 2 Eier
- ☐ 200 g Kidney Bohnen
- ☐ 50 g Mais
- ☐ ½ rote Paprika
- ☐ 2 Frühlingszwiebeln
- ☐ 1 Bund Koriander
- ☐ 1 Bio Zitrone
- ☐ Salz
- ☐ Pfeffer
- ☐ Muskatnuss
- ☐ 1 EL Olivenöl

Zubereitung:

1. Eier hart kochen.
2. Paprika waschen und in kleine Stücke schneiden.
3. Bohnen und Mais abtropfen lassen.
4. Frühlingszwiebel waschen und in kleine Scheiben schneiden.
5. Koriander waschen und trocken schütteln.
6. Thunfisch in eine Schüssel geben.
7. Paprika, Mais, Bohnen, Frühlingszwiebel und 1 EL Olivenöl hinzugeben und vermischen.
8. Eier schälen und in kleine Stücke schneiden.
9. Zum Salat geben.
10. Die Hälfte vom Koriander klein hacken und hinzufügen.

11. Die restlichen Korianderblätter vom Stiel trennen und beiseitelegen.
12. Salat mit Salz, Pfeffer und Muskat abschmecken.
13. Etwas Zitronenabrieb zum Salat geben.
14. Mit den restlichen Korianderblättern garnieren.

Backofenhähnchen

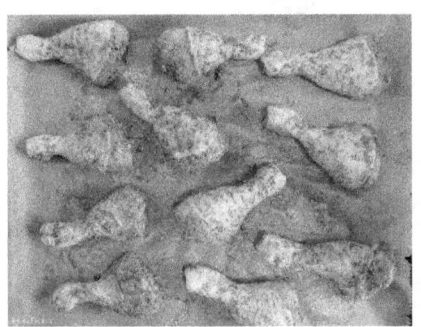

Zutaten:

2 St. Hähnchenschenkel

Salz, Pfeffer, Paprikapulver
Oregano
Basilikum
Thymian
Majoran
Olivenöl

Zubereitung:

Backofen vorheizen auf 180 ° Umluft.
Backblech mit Backpapier auslegen.
Öl in ein Schälchen geben und die Gewürze je nach Geschmack zugeben.
Alles gut verrühren.

Hähnen auf das Blech legen.
Öl-Gewürzmischung über die Hähnchen geben, so dass diese vollständig bedeckt.
Nun für ca. 45 Minuten in den Backofen geben.
Dann herausnehmen und auf einem Teller mit etwas Keto-Nudeln oder Keto Brot servieren.

2-Kühl und Fresh

Zutaten
5 Eier
120 g gemahlene Mandeln
4 EL
0,5 Flavdrops Vanille
200 g Sahne
50g Quark
Gelatine

Zubereitung

Kochzeit: ca. 30 Min

Die Eier trennen und das Eiweiß kräftig schlagen. Eigelb, Mandeln, Zucker und Kakao hinzugeben und vermischen.
Den Teig auf ein ausgelegtes Backblech aufteilen und bei 180° Grad ca. 10-15 Minuten backen und danach abkühlen lassen.

Gemahlene Gelatine mit 4-6 EL Wasser vermischen und etwa 10 Minuten ruhen lassen. Danach im Wasserbad erhitzen und die Sahne kräftig schlagen.
Quark hinzufügen und mit Zucker abschmecken.
2 EL zur Gelatine geben und rühren, bis alles flüssig wird.
Gelatine und Vanillearoma dazu geben.

Teig damit bestreichen, passend schneiden und abkühlen lassen.

Protein-Salat

Zubereitungszeit: 15 Minuten

Zutaten für 2 Portionen

- 3 Bio-Eier
- 2 Tomaten
- 1 kleine Zwiebel
- 1 Ds. Thunfisch
- 3 Gewürzgurken
- 1 rote Paprika
- 1 Becher Hüttenkäse
- 1 Spr. Weinessig
- Meersalz, Pfeffer

Zubereitung

1. Die Eier 8-10 Minuten hart kochen. Die Tomaten, den Thunfisch, die Gurken und Paprika klein schneiden. Die Zwiebel schälen und fein würfeln.
2. Nun die vorbereiteten Zutaten mit dem Hüttenkäse in einer Schüssel vermengen.
3. Abschließend mit Essig, Salz und Pfeffer abschmecken und danach 15-20 Minuten durchziehen lassen.

Ziegenkäsesalat mit Balsamico-Butter (2 Portionen)

Zutaten

275 g Ziegenkäse

35 g Kürbiskerne

50 g Butter

1 EL Balsamico-Essig

75 g Baby Spinat

Zubereitung

- Den Ofen auf 200 ° C vorheizen.
- Ziegenkäse in eine gefettete Auflaufform geben und 10 Minuten im Ofen backen.
- Währenddessen die Kürbiskerne ohne Fett in einer Pfanne anrösten bis sie aufgehen.
- Senken Sie die Hitze, fügen Sie Butter hinzu und lassen Sie sie köcheln, bis sie eine goldbraune Farbe und ein angenehmer nussiger Geruch entsteht. Balsamico-Essig dazugeben und noch einige Minuten kochen lassen. Schalten Sie den Herd aus.
- Verteilen Sie den Baby Spinat auf einen Teller. Legen Sie den Käse darauf und fügen Sie die Balsamico-Butter hinzu.

Übersicht pro Portion
- Netto Kohlenhydrate: 1% (3 g)
- Faser: 2 g
- Fett: 80% (73 g)
- Protein: 18% (37 g)
- kcal: 824

Genial Butter Burger

Zutaten:

- 1 lb 80 % Hackfleisch
- 1 EL gehackter Knoblauch
- 1lb Boden Bruststück
- 1 EL Schmalz oder ghee
- 1/2 Stück Butter in 8 Scheiben geschnitten
- 1 El Gewürz
- 2 El einfache Mayonnaise (hausgemachte oder Geschäft gekauft)
- 1 große gelbe Zwiebel

Schritte:

1. Mischen Sie Rindfleisch und den Brustkorb zusammen in einer Schüssel. Knoblauch, schlichte Mayo, Ihre Wahl der Würze und gut mischen. Form in 8 Pastetchen mit den Händen.

2. erstellen Sie kleine Taschen und füllen sie mit Butter und decken wieder.

3. Fügen Sie 2 Esslöffel Ghee in einer Pfanne. Fügen Sie hinzu, Ihre Bratlinge Ihrer Pfanne über mittlerer Hitze. Kochen Sie jeder Seite etwa 10 Minuten.

(4) steckt in einigen gehackten Zwiebeln während des Kochens die Bratlinge.

5. top Ihre Burger mit Käse und schmelzen lassen. Sie können auch Mayo oben hinzufügen.

Rührei mit Lachs

Zutaten für 4 Portionen:
- 8 Eier
- 2 EL Sojasauce
- Salz
- Cayennepfeffer
- 2 EL frisch gehackter Dill
- 200 g geräucherter Lachs
- 3 Frühlingszwiebeln
- 3 EL Öl
- Korianderblättchen zum Garnieren

Zubereitung:
Eier mit Sojasauce, etwas Salz, Cayennepfeffer und Dill verquirlen.
Frühlingszwiebeln waschen, trocknen, putzen und in Ringe schneiden.
Lachs in Streifen schneiden.
Öl in einer Pfanne erhitzen und die Frühlingszwiebeln darin andünsten.
Die verquirlten Eier und die Lachsstreifen hinzufügen und alles garen, bis die Eier zu stocken beginnen.
Das Rührei mit Korianderblättchen garniert servieren.
Dazu Vollkornbrot mit Butter reichen.

Wurstsalat

Zutaten:

200 g Fleischwurst im Ring
¼ Salatgurke
1 Bund Radieschen
3 Halme Schnittlauch
2 kleine Kopfsalatblätter
40 g Doppelrahm-Frischkäse
3 EL Milch
75 g Vollmilch-Joghurt
 Salz, Pfeffer
Edelsüß-Paprika

Zubereitung:
1. Fleischwurst aus der Haut pellen.
2. Je nach Geschmack in feine Scheiben oder in Würfel schneiden und in eine Schüssel geben.
3. Die Gurke gründlich waschen und in feine Scheiben oder Würfel schneiden.
4. Die Radieschen waschen und ebenfalls in dünne Scheiben schneiden.
5. Dann den Schnittlauch waschen und trocknen.
6. Danach kleiner Röllchen davon abschneiden.
7. Nun den Salat waschen und in mundgerechte Stück zerteilen.
8. Alle Zutaten zur Fleischwurst in die Schüssel geben.

9. Für das Dressing ein kleines Gefäß nehmen und die Milch zusammen mit dem Frischkäse glatt verrühren.
10. Sodann den Joghurt gründlich unterrühren.
11. Dann mit Salz und Pfeffer abschmecken.
12. Das Dressing nun über die Wurst- Salat-Mischung geben und gründlich vermengen.
13. Zum Servieren auf einem Teller oder einer Schale anrichten.

Fisch Auflauf (4 Portionen)

Zutaten
650 g weißer Fisch
50 g Parmesankäse
300 ml Sauerrahm oder Crème Fraîche
1 Prise Safran
1 TL Sriracha Sauce oder nach Geschmack
Prise Salz und Pfeffer, nach Geschmack
Garnelen Salat
3 EL Olivenöl
½ Knoblauchzehe, gehackt
125 ml frischer Koriander
Prise Salz und Pfeffer
150 g Garnelen, geschält
Brokkoli-Brei
450 g Brokkoli
4 EL Olivenöl
Prise Salz und Pfeffer
Zubereitung

- Den Ofen auf 200 ° C vorheizen.
- Den Fisch in eine Auflaufform legen. Sie können auch halb aufgetaute Fischfilets verwenden. Mit Salz und Pfeffer abschmecken. Mit Parmesan bestreuen.
- Crème Fraîche, Safran und Sriracha-Sauce in einen Topf geben. Mit Salz und Pfeffer würzen. Zum Kochen bringen und einige Minuten köcheln lassen. Fügen Sie weitere Gewürze hinzu, falls gewünscht.

- Die Soße über den Fisch gießen und im Ofen 15-20 Minuten backen oder bis der Fisch gar ist.
- Während der Fisch im Ofen ist, bereiten Sie die Garnele und den Brokkolibrei vor.

Garnelen Salat

- Mischen Sie Öl, Knoblauch und Koriander und Gewürzen mit einem Handmixer.
- Vermischen Sie die vorgegarten und geschälten Garnelen mit dem Korianderöl in einer Schüssel.

Brokkoli-Brei

- Den Brokkoli grob hacken und in leicht gesalzenem Wasser weich kochen. Abgießen und Olivenöl, Salz und Pfeffer hinzufügen. Mit einen Handmixer die gewünschte Konsistenz mixen.

Übersicht pro Portion
    Netto Kohlenhydrate: 5% (9 g)
    Faser: 3 g
    Fett: 67% (52 g)
    Protein: 27% (48 g)
    kcal: 705

Leckerer Salat mit Avocado und Thunfisch

2 Portionen

Vorbereitung 10 Minuten

Zubereitung 10 Minuten

2 Eier

2 EL Balsamico Essig

10 g Zwiebeln

160 g Avocado

90 g roter Eichblattsalat

6 Oliven

1 ½ EL Olivenöl

90 g Thunfisch in Wasser in der Dose

1. Kochen Sie die Eier etwa 10-15 Minuten fest. Währenddessen den Salat zerrupfen und waschen und in eine große Schüssel geben.

2. Schneiden Sie die Avocado in kleine Würfel und geben Sie diese mit in die Schüssel. Zerhacken Sie die Zwiebeln und die Oliven und geben Sie beides ebenfalls hinzu.

3. Lassen Sie den Thunfisch gründlich abtropfen und zerteilen Sie ihn mit einer Gabel in kleine Stücke, die ebenfalls in den Salat gegeben werden.

4. Die Eier werden nach dem Abkühlen ebenfalls in kleine Stücke geschnitten und in den Salat eingefügt. Träufeln Sie Öl und Balsamico-Essig darüber und vermengen Sie alle Zutaten vor dem Servieren gut.

All-mexikanische Pizza auf Käse-Kruste

Zutaten: **für die Kruste:**

- 1/2 Tasse vier Käse mexikanische Mischung
- 3/4 Tasse geschreddert Cheddar-Käse

Zutaten: **für die Taco Fleisch:**

- 1/2 lb 85 % Grass-fed Hackfleisch
- 1/2 TL geräucherte paprika
- 1 TL Chilipulver
- 1/2 TL gemahlener Kreuzkümmel
- 1/2 TL gemahlener schwarzer Pfeffer
- 1/4 Teelöffel Knoblauchpulver
- 1/2 TL rosa Himalaya-Salz

Zutaten: **für den Belag:**

- Salsa
- Geschreddert Salat
- Geschreddert Cheddar-Käse
- Klecks Sauerrahm
- Guacamole
- Pico de gallo
- Picante heiße Soße

Schritte:

1. bereiten Sie das Taco Fleisch durch Brünieren das Rindfleisch und alle trockenen Taco Zutaten hinzufügen:.

2. alles 5 Minuten kochen lassen und etwas abkühlen lassen.

3. bereiten Sie die Kruste durch Zugabe von 2 EL Olivenöl in einer Pfanne.

4. Legen Sie die mexikanische Mischung und den Cheddar auf einmal die Pfanne im heißen.

5. Koch für 5 Minuten, bis eine Käse-Kruste gebildet wird. Einem Spatel lift it up.

(6) auf einen Teller legen und beginnen mit der Fleisch- und jeder Belag Ihrer Wahl aus der angegebenen Liste.

7. viel Spaß!

Hühnerschenkel

Für 4 Personen

Zutaten : 1 grüne Zwiebel geschnitten, 1/2 Teelöffel Salz, 2 Esslöffel Apfelessig, 1 Teelöffel Fischsauce, 1/2 Tasse Hühnerbrühe, 2 Esslöffel Honig, 1/4 Tasse Koriander gehackt, 1 Stück Ingwer gehackt, 1/4 Tasse + 1 Esslöffel Kokosnus Aminos, aufgeteilt 2 Esslöffel Limettensaft, 4 Knoblauchzehen gehackt, 1 Mango, in 1cm Stücke geschnitten, 1/2 rote Zwiebel gehackt, 8 Hähnchenschenkel entbeint, 1 Esslöffel Kochfett

Zubereitung:

1. Drücken Sie die Sauté-Taste und geben Sie dann das Kochfett in den Kochtopf. Erhitze Sie das Fett bis es geschmolzen ist.
2. Legen Sie die Hähnchenschenkel mit der Haut nach unten in den Topf. Braten Sie das Fleisch für ca. 3 Minuten.
3. Einmal wenden und die andere Seite für 2 Minuten anbraten. Abhängig von der Größe der Oberschenkel, können Sie 4 Oberschenkel auf einmal kochen. Stellen Sie jedoch sicher, dass der Kochtopf nicht überfüllt ist.

4. Nach dem Garen aus dem Topf nehmen und beiseite stellen. Dann geben Sie Mango, Knoblauch und Zwiebel in den Topf. Kochen Sie, bis die Mango leicht braun wird und die Zwiebeln klar sind.
5. Schalten Sie den Instant Pot aus und setzen Sie das Huhn in den Kochtopf. Reiben Sie es mit Zwiebel-Mango-Mischung ein.
6. Nun das Limettensaft, Honig, Koriander, Fischsauce, Hühnerbrühe, Ingwer, ¼ Tasse Kokosnuss-Aminos und einen Esslöffel Apfelessig hinzufügen.
7. Schließen Sie den Deckel, sichern Sie ihn und drücken Sie die Poultry-Funktion. Stellen Sie es auf hohen Druck ein und stellen Sie den Timer auf 15 Minuten. Nachdem der Instant-Pot in den Warmhalte-Modus gewechselt hat, schalten Sie ihn aus.
8. Dann das Druckventil zum Entlüften drehen und sicherstellen, dass der Druck vollständig aus dem Topf entweicht. Öffnen Sie vorsichtig den Deckel und nehmen Sie die Hähnchenschenkel aus dem Kochtopf raus. Beiseite legen.
9. Fügen Sie Salz, einen Esslöffel jeden Apfelessig und Kokosnussamino zum Kochtopf hinzu. Drücken Sie die Sauté-Funktion und kochen Sie die Soße, bis sie dickflüssig wird.
10. Schalten Sie nach etwa 10-15 Minuten den Instant

Pot aus. Öffnen Sie und servieren Sie das Huhn mit der Soße. Sie können mit grünen Zwiebelscheiben garnieren.

Nährwertangaben pro Portion: Kalorien 312.6, Fett 28.7gr, Kohlenhydrate 5.0gr, Protein 32.5gr

Radieschen – Käse – Quark

Arbeitszeit: ca. 8 Min.
ca. 25 g Fett, ca. 28 g Eiweiß, ca. 6 g Kohlenhydrate

Zutaten (1 Person)
3 Radieschen
½ TL gehackter Dill
100 g Hüttenkäse
100 g Quark (Vollfett)
40 g Leinsamen
20 g Gouda
1 TL Sesam
1 TL Sonnenblumenkerne
Salz
Pfeffer

Zubereitung
Schneiden Sie Gouda sowie Radieschen (vorher natürlich waschen und entstrunken) in kleine Würfel und vermengen Sie sie mit den restlichen Zutaten in einer Schüssel.
Mit Salz und Pfeffer abschmecken und schon haben Sie ein leckeres Frühstück für die nicht so „süßen" Leute.

Guten Appetit!

Mandelbrei

1 Portion

Zutaten:

200 ml heißes Wasser

1 EL Kokosöl

10 g Goldleinsamen

60 g gemahlene Mandeln

etwas Xylit

Obst nach Belieben

1. Die Mandeln, das heiße Wasser, Kokosöl und Xylit in einem Gefäß mischen und mit Hilfe eines Pürierstabs zu einer feinen Masse pürieren.

2. Den fertigen Brei in eine Schale abfüllen und beliebig mit Beeren oder anderen Früchten garnieren.

Avocado Makrelen Salat

Zutaten:

100g geräucherte Makrele
½ Avocado
¼ Zitrone
20 gKapern (nach Geschmack)
1 EL Olivenöl
Pfeffer, Meersalz

Zubereitung:

1. Schüssel bereitstellen.
2. Haut der Makrele vorsichtig entfernen.
3. Fisch in kleine Würfel schneiden und in Schüssel geben.
4. Avocado zerteilen und vom Kern lösen.
5. Schale entfernen und Fruchtfleisch ebenfalls in Würfel schneiden.
6. Das Öl in eine kleine Schale oder Schüssel geben.
7. Den Saft der Zitrone zugeben und gut verrühren.
8. Die Mischung mit Salz und Pfeffer abschmecken.
9. Die Zitronen-Öl Mischung nun über die Avocado Fisch Mischung geben und alles gut vermischen.
10. Mischung in einer kleineren Schale oder auf einem Teller servieren.
11. Nach Geschmack dann mit den Kapern dekorieren.

Shake mit Chia

Manchmal darf es auch bei der ketogenen Ernährung flüssig sein und so ein Frühstück sättigt dann ebenfalls sehr gut. Dieser Shake ist schnell zubereitet und schenkt sicher neue Energie.

Zutaten:

- 30 Gramm Proteinpulver (gerne auch mit Geschmack)
- 10 Gramm Backkakao ohne Zucker
- einen (guten) Schuss Sahne
- 10 Gramm Chia Samen
- 150 Ml Wasser
- 50 Gramm Quark
- Nach Wunsch etwas Stevia oder Erythrit

Zubereitung:

Alle Zutaten zusammen im Mixer vermixen und im Anschluss servieren. Nach Wunsch können auch mehr Wasser oder ein guter Löffel Kokosöl für die Fettzufuhr hinzugegeben werden.

Geröstete Möhrensuppe

Zubereitungszeit: 30 Minuten

Zutaten für 2 Portionen

- 8 Möhren
- 2 EL Weidebutter
- 4 Salbeiblätter
- 2 Tassen Hühnerbrühe
- ½ Tasse Kokosmilch
- 1 EL MCT-Öl
- Meersalz
- Gemahlene Nüsse nach Wahl

Zubereitung

1. Die Möhren schälen und in Scheiben schneiden.
2. Die Butter in einem Topf schmelzen lassen und die Möhren und Salbeiblätter dazugeben und etwa 5 Minuten unter Rühren weich garen.
3. Nun Brühe und Kokosmilch dazugeben, aufkochen und dann bei kleiner bis mittlerer Hitze abgedeckt etwa 10-15 Minuten köcheln lassen.

4. Die Suppe mit dem Stabmixer pürieren, dann mit MCT-Öl beträufeln und mit Nüssen garniert servieren.

Keto Hot-Dogs (4 Portionen)

Zutaten

  60 g Mandelmehl

  30 g Kokosmehl

  ½ Teelöffel Salz

  1 TL Backpulver

  75 g Butter

  175 g geriebener Käse

  1 Ei

  450 g Wienerle von guter Qualität

  1 Ei, um den Teig zu bepinseln

Zubereitung

- Den Ofen auf 175 ° C vorheizen. Mandelmehl, Kokosmehl und Backpulver in einer Schüssel vermischen.
- Butter und Käse in einer Pfanne bei schwacher Hitze zum Schmelzen bringen.
- Gut verrühren mit einem Holzlöffel, so das ein glatter teig entsteht. Es kann etwas dauern!
- Die Pfanne von der Hitze nehmen und ein Ei i die Butter Käse Mischung und verrühren. Danach die Mehlmischung dazu geben und zu einem festen Teig verrühren. Den Teig aus der Pfanne nehmen und abkühlen lassen ca. 15 Min.

- Aus dem Teig werden dann die 8 (1,5-2 cm breit) Teigstreifen geschnitten.
- Wickeln Sie die Teigstreifen um die heißen Wienerle und mit dem verquirlten Ei bepinseln.
- Auf ein mit Pergamentpapier ausgelegtes Backblech legen und 15-20 Minuten backen, bis der Teig goldbraun ist.

Übersicht

2 Stück pro Portion

Netto Kohlenhydrate: 4% (7 g)
Faser: 4 g
Fett: 81% (68 g)
Protein: 15% (29 g)
kcal: 764

Rührei

Butter plus Eier entspricht dem perfekten Keto-Frühstück. Beginne deinen Tag mit besonders butterweichen und zufriedenstellenden Frühstücksklassikers. Zubereitet in wenigen Minuten!

Zutaten für 1 Portion:

30 g Butter

2 Eier

Salz und Pfeffer

Zubereitung:

Die Eier in eine kleine Schüssel geben und mit einer Gabel mit etwas Salz und Pfeffer verquirlen. Die Butter in einer beschichteten Pfanne bei mittlerer Hitze schmelzen. Aufpassen, dass die Butter nicht braun wird! Gieße die Eier in die Pfanne und rühre sie für 1-2 Minuten, bis sie cremig und gekocht sind. Denke daran, dass die Eier auch dann noch kochen, wenn sie bereits auf dem Teller liegen.

Klassischer Speck und Eier

Nährwerte:

Kohlenhydrate: 1 g

Fett: 22 g

Protein: 15 g

kcal: 272

Vorbereitungszeit:

Kochzeit:

    10 Minuten

Zutaten:

    (1 Person)

- 2 Eier
- 1 ¼ oz. Speck, in Scheiben
- Kirschtomaten (optional)
- frische Petersilie (optional)

Zubereitung:

1.) Den Speck in einer Pfanne bei mittlerer Hitze knusprig braten. Auf einen Teller legen. Lassen Sie das gerenderte Fett in der Pfanne.

2.) In derselben Pfanne die Eier braten. Die Eier zum Speckfett dazugeben (Sie können sie auch in einen Messbecher knacken und vorsichtig in die Pfanne gießen, um das Spritzen von heißem Fett zu vermeiden).

3.) Kochen Sie die Eier nach Belieben und schneiden Sie die Kirschtomaten in zwei Hälften und braten Sie sie gleichzeitig.

4.) Mit Salz und Pfeffer abschmecken.

Rührei italienischer Art (Vegetarisch)

123 kcal|3g Kohlenhydrate|7g Eiweiß|9g Fett (pro Portion)

Zutaten für 2 Portionen:

3 Eier
100g Tomaten
1 EL Kokosöl
Oregano und Basilikum
Salz und Pfeffer

Zubereitung:

1. Die Tomaten waschen und in gleich große Würfel schneiden.
2. Die Eier in eine Schüssel schlagen, die Würfel hinzugeben und mit Salz, Pfeffer, Oregano und Basilikum würzen. Anschließend alles gut verrühren.
3. Öl in einer Pfanne erhitzen und das Ei-Tomaten-Gemisch hineingeben.
4. Das Ei unter Rühren anbraten. Zum Schluss auf Tellern anrichten und servieren.

Exotische Hähnchenspieße

2 Portionen

Vorbereitung 20 Minuten

Zubereitung 25 Minuten

1 Knoblauchzehe

0,5 Zitronen

2 EL Olivenöl

0,3 TL Curry

0,3 TL rotes Paprikapulver

1 TL Sesam

Meersalz, Pfeffer

250 g Ananas

250 g rote Paprika

300 g Hähnchenbrust

4 Holzspieße

1. Den Knoblauch schälen und sehr fein hacken. Zitrone auspressen. Beides mit Olivenöl, Curry, Paprikapulver, Sesam, Salz und Pfeffer zu einer Marinade vermischen.

2. Ananas und Paprika schälen und entkernen. Hähnchenbrust säubern. Beides mit der Paprika in etwa 2 x 2 cm große Stücke schneiden.

3. Abwechselnd Fleisch, Ananas und Paprika auf die Spieße stecken. Die Marinade darüber verteilen und etwa eine halbe Stunde im Kühlschrank ziehen lassen.

4. Auberginen waschen und in dünne Scheiben schneiden.

5. Spieße und Auberginen auf dem Grill oder in -einer Grillpfanne anbraten.

Huhn und Brokkoli Auflauf

Zutaten:

- 2 El Kokosöl
- 3 Tassen gekochtes Hühnerfleisch, zerkleinert
- 4 Tassen frische Broccoli-Röschen
- 2 Bioeier
- 8 Unzen Pilze in Scheiben geschnitten
- 1 mittelgroße Zwiebel
- Meersalz und Pfeffer
- 1 Tasse Hühnerbrühe Knochen
- Vollfett 1 Tasse Kokosmilch
- 1/2 TL Muskat, optional

Schritte:

1. Backofen Sie den auf 350-400F. Fetten Sie eine Auflaufform Pfanne und legen Sie beiseite für eine Weile.

2. den Brokkoli Dampf, aber nicht zu lange.

(3) die Zwiebeln mit Kokosnuss-Öl anbraten und mit Salz und Pfeffer abschmecken. Fügen Sie die Champignons, Hühnerfleisch und Zwiebeln in den Topf.

Gießen Sie die Knochen Brühe, Eiern, Kokosmilch und die Muskatnuss. Eine Prise Salz und Pfeffer hinzufügen.

4. Legen Sie die Auflauf im Ofen und lassen Sie es 10 Minuten vor dem Servieren abkühlen lassen.

Instant Pot Barbacoa Rindfleisch

Portionen: 4-5

Zutaten: 2 Lorbeerblätter, ½ Teelöffel Öl, Schwarzer Pfeffer, 1 1/4 Teelöffel Salz, 750gr Rinderbraten ohne Fett, 1/2 Tasse Wasser, ¼ Teelöffel gemahlene Nelken, ½ Esslöffel gemahlen Oregano, 1/2 Esslöffel gemahlener Kreuzkümmel, 1-2 Esslöffel Spaghetti in Adobosauce, ½ Limette Saft, ¼ mittlere Zwiebel, 2-3 Knoblauchzehen

Zubereitung:
1. Nelken, Oregano, Kreuzkümmel, Limettensaft, Zwiebel, Knoblauch und Wasser in einen Mixer geben. Die Zutaten pürieren, bis sie gut eingearbeitet sind.
2. Schneiden Sie den Braten in 10cm Stücke und würzen Sie es mit schwarzem Pfeffer und Salz.
3. Drücken Sie den Sauté-Knopf und fügen Sie das Öl hinzu. Braten Sie den das Fleisch in 5 Minuten von allen Seiten.
4. Fügen Sie die Sauce hinzu, die Sie bereits mit Lorbeerblättern vermischt haben. Abdecken und für 65 Minuten bei hohem Druck kochen
5. Sobald die Zeit verstrichen ist, aus dem Kochtopf nehmen und in eine Schüssel geben. Mit zwei Gabeln das Fleisch zerkleinern und die Flüssigkeiten aufbewahren.

6. Geben Sie den Braten wieder in den Kochtopf und fügen Sie etwa 1 ½ Tassen der Flüssigkeit hinzu, mischen Sie dann ½ Teelöffel Kümmel und ½ Teelöffel Salz dazu.
7. Umrühren und servieren.

Nährwertangaben pro Portion: Kalorien: 153, Fett: 4.5gr, Kohlenhydrate: 2gr, Protein: 24gr

Ente im Speckmantel auf Gemüsebett

Arbeitszeit: ca. 20 Min.
ca. 71 g Fett, ca. 66 g Eiweiß, ca. 7 g Kohlenhydrate

Zutaten (1 Person)
150 g Entenfleisch
ca. 50 g Frühstücksspeck – Scheiben
100 g Kohlrabi
125 g Pfifferlinge
80 g Zucchini
100 g Feta
20 g geriebener Parmesan
1 TL Erdnussöl
1 TL Olivenöl
Chiliflocken
Paprikapulver
Salz
Pfeffer

Zubereitung
Schälen und schneiden Sie Zucchini und Kohlrabi in Stifte. Die Pfifferlinge putzen Sie.
Danach erhitzen Sie das Erdnussöl in einer Pfanne und dünsten darin das Gemüse und die Pilze, bis der Kohlrabi gerade noch bissfest ist.
In einer anderen, beschichteten, Pfanne erhitzen Sie das Olivenöl und braten das Fleisch darin von beiden

Seiten gut durch.

Das Gemüse platzieren Sie auf einem flachen Teller und legen die Ente obendrauf. Den Parmesan darüber streuen und mit den Gewürzen nach Belieben garnieren.

Guten Appetit!

www.ingramcontent.com/pod-product-compliance
Lightning Source LLC
Chambersburg PA
CBHW071452070526
44578CB00001B/319